HAPPY CAMPING
Europa

Europas schönste Campingplätze für Zelt, Caravan, Van und Wohnmobil

Michael Moll
HAPPY CAMPING
Europa
BRUCKMANN

Inhalt

Camping in Mitteleuropa

Camping in West- und Nordeuropa

Camping in Südeuropa

39

57

Camping in Südosteuropa

0
300 km
N
Reykjavík
ISLAND
34
33
Rockall (GB)
Achill Island
IRLAND
18
Dublin
19
ATLANTISCHER
OZEAN
41
Gijón
44
Golf von Biscaya
Porto
Duero
Ebro
Coimbra
PORTUGAL
SPANIEN
Lissabon
Tajo
Madrid
45
Guadiana
Valencia
46
Sevilla
Cádiz
43
Gibraltar
Madeira
Casablanca
Rabat
MAROKKO
Oran

Nordkap
27
Hammerfest
Vesterålen
Barentsee
Tromsø
Murmansk
Lofoten
29
Narvik
Halbinsel Kola
Weißes Meer
Europäisches Nordmeer
25
Rovaniemi
Archangelsk
Luleå
Färöer (DK)
Bottnischer Meerbusen
Trondheim
FINNLAND
Onega-see
SCHWEDEN
NORWEGEN
Petrosawodsk
Shetland-Inseln (GB)
Ladoga-see
Bergen
31
Mora
Wolgoda
22
Orkney-Inseln
Aland
Helsinki
Sankt Petersburg
Oslo
26
Rybinsk
Uppsala
Gorkier Stausee
Stavanger
28
Rybinsker Stausee
Stockholm
50
Tallinn
Nowgorod
Aberdeen
ESTLAND
Wolga
Nishnij Nowgorod
Saaremaa
Skagerrak
Twer
Gränna
Pskov
Oka
30
24
32
LETTLAND
Kattegat
Gotland
Moskau
56
Edinburgh
Riga
48
Öland
Daugava
Ostsee
LITAUEN
Kopenhagen
Smolensk
Witebsk
Manchester
23
DÄNEMARK
RUSSLAND
Bornholm
Nordsee
Vilnius
49
Rügen
54
RUSS.
3
Gdansk
Minsk
55
12
NIEDER-LANDE
Hamburg
DEUTSCH-
BELARUS
POLEN
Woronesch
London
Amsterdam
Elbe
Oder
Kursk
Berlin
6
13
Rotter-dam
Hannover
Poznań
Rhein
Warschau
14
Brüssel
Düsseldorf
Weser
Don
Charkov
8
BELGIEN
Köln
Kiew
Le Havre
15
2
LAND
Weichsel
UKRAINE
LUXEMBURG
Frankfurt
53
Dnepr
Don
Paris
Seine
60
Prag
Krakau
Donezk
Nürnberg
TSCHECHIEN
Dnipropetrowsk
Orléans
Rostow
Straßburg
Donau
SLOWAKEI
5
58
München
Bodensee
Wien
Bratislava
MOLDAU
FRANKREICH
SCHWEIZ
1
4
Kischinau
Cherson
Asowsches Meer
Bern
7
6
ÖSTERREICH
Budapest
61
UNGARN
Balaton
Odessa
Lyon
Gardasee
35
59
RUMÄNIEN
Krim
Sotschi
SLOWENIEN
Ljubljana
Brasov
Mailand
Sewastopol
Jalta
Venedig
Zagreb
Rhône
Po
36
KROATIEN
Bukarest
Toulouse
57
Schwarzes Meer
BIH
Belgrad
MONACO
10
SAN MARINO
Donau
Constanta
Marseille
Monte Carlo
47
Sarajevo
37
Florenz
SERBIEN
Varna
BULGARIEN
Burgas
Elba
ITALIEN
KOSOVO
Sofia
51
Samsun
Barcelona
Korsika
Rom
Skopje
Istanbul
Adriatisches Meer
NORD-MAZEDONIEN
Menorca
Neapel
Tirana
52
Ankara
ALBANIEN
Ponza
40
Thessaloniki
Kizilirmak
Sardinien
Tyrrhenisches Meer
GRIECHEN-LAND
TÜRKEI
Liparische Inseln
MITTELMEER
Ägäisches Meer
Izmir
Adana
Ionisches Meer
39
ATHEN
Antalya
38
ALGERIEN
Tunis
Sizilien
Demre
SYRIEN

Mit dem Womo am Nossen, einem See bei Vimmerby in Småland

Vorwort

Wer Europa kennenlernen will, sollte nicht den Flieger nehmen, sondern sich lieber selbst ans Steuer setzen und mit Wohnmobil bzw. Camper die schönsten und aufregendsten Plätze auf dem Kontinent anpeilen. Denn so abgedroschen es sich mittlerweile anhören mag, der Sinnspruch, dass der Weg das Ziel sei, trifft es weiterhin. Gerade, wenn man individuell unterwegs ist, ist der Weg nicht nur Ziel, sondern auch Zwischenziel bei längeren Reisen, Abbiegemöglichkeit bei schlechtem Wetter und Rastplatz an Sehenswürdigkeiten.

So schön einfach kann man Europa kennenlernen und so mancher Camper hat sich ein Ziel ausgesucht, zu dem er letztendlich gar nicht gereist ist, weil unterwegs schon so viele interessante Dinge ablenkten. Aber auch wenn man an seinem Reiseplan festhält, wird man feststellen, wie vielfältig der Kontinent in Sachen Campingtourismus ist. Da gibt es Länder, in denen reist es sich dank hervorragender Infrastruktur herrlich einfach. Andere Länder sind noch heute etwas exotisch in Sachen Tourismus und erst recht, wenn man mit einem Wohnmobil aufschlägt. Wiederum andere Länder sind nicht ganz so einfach erreichbar und erfordern eine vorausschauende Planung und Buchung von Fährüberfahrten.

Alle haben aber eines gemeinsam: Sie bieten Campingplätze an, von denen aus wir Stadt, Land und Leute erkunden können. Die Unterschiede in Lage und Ausstattung sind natürlich enorm und genauso vielfältig wie die Sehenswürdigkeiten Europas. Campingplätze oder Wohnmobilstellplätze in einer Groß- oder gar Hauptstadt bringen meist eine Geräuschkulisse durch Verkehrslärm mit sich, aber dafür hat man beste Bedingungen zum Sightseeing. Auf dem Lande fehlen letztere womöglich oder man legt weite Wege zurück, um Sehenswürdigkeiten zu besuchen. Doch dafür genießt man hier die Ruhe im Wald, an einem See, an der Küste und natürlich unter dem Sternenzelt. Dieses Buch soll Ihnen ein wenig Appetit machen, um das Wohnmobil zu starten und mit dem Camper unseren Kontinent ein wenig besser kennenzulernen.

Gute Reise und viel Vergnügen, herzlichst

Michael Moll

Sonnenuntergang am Strand von Binz,
im Hintergrund das Binzer Kurhaus.

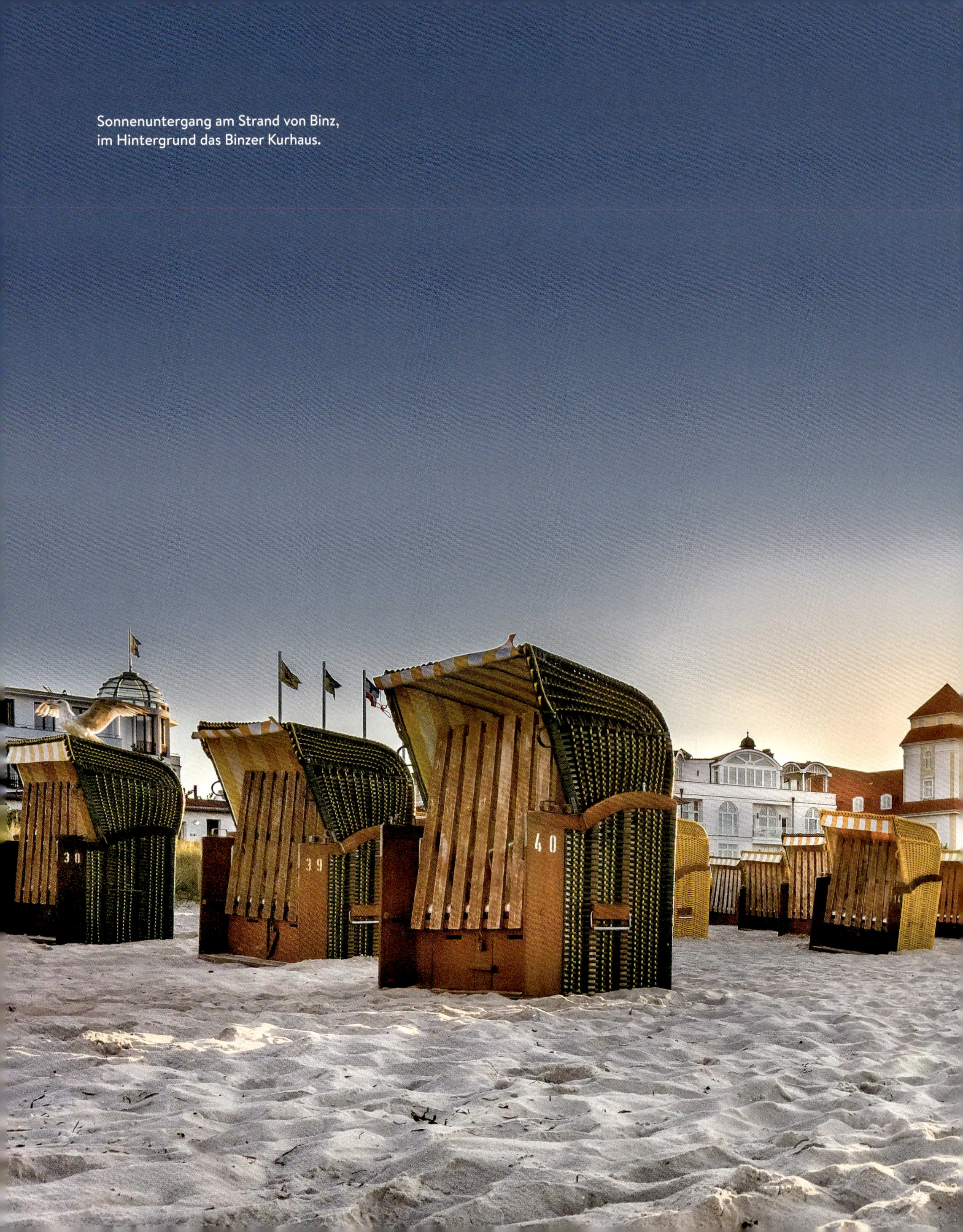

Camping in Mitteleuropa

Warum in die Ferne schweifen, wenn das Gute liegt so nah? Beim Campingurlaub beginnt die Reise mit dem Verlassen des Hauses. Im nächsten Moment sitzen wir im Camper und fahren in die weite Welt hinaus. Manchmal muss diese Welt aber gar nicht weit entfernt sein.

Für Nord- und Westdeutsche sind die Beneluxstaaten zwar gleich um die Ecke, dennoch sind auch sie lohnenswerte Urlaubsziele. Das Mullerthal in Luxemburg lässt sich wunderbar erwandern, Städte wie Rotterdam und Brügge sind prachtvolle Ziele mit architektonischen Highlights und von der Küste wollen wir gar nicht erst schwärmen, sondern direkt mit der Fähre auf die niederländische Insel Texel fahren. Camper aus Süddeutschland reisen kurz, aber dennoch ins Ausland, wenn sie in die bergigen Nachbarländer Schweiz und Österreich fahren. Diese bieten tolle Aussichten bei spannenden Passüberquerungen in den Alpen und ein umfangreiches Campingangebot in den Tälern. Und zu guter Letzt bleibt ja auch noch Deutschland, wo wir selbst jede Menge Reiseziele für Europareisende im Angebot haben.

1 Zu den Königsschlössern im Allgäu

Gleich drei auf einen Streich

Das wohl ungewöhnlichste Gewerbegebiet Deutschlands befindet sich ganz im Süden des Landes, genauer gesagt in Füssen. Nicht direkt an den Sehenswürdigkeiten, aber sehr praktisch gelegen, übernachtet man hier.

So vielfältig das Angebot an Freizeitaktivitäten in Füssen ist, so umfangreich sind auch die Campingmöglichkeiten. Da hätten wir den Forggensee und den Hopfensee mit Badeplätzen, Tret- oder Ruderbootverleih und sogar einem Festspielhaus mit sehenswertem Barockgarten und Einkehrmöglichkeit rund um die Spielstätte. Natürlich kann man auch den Minigolfschläger schwingen oder gleich nebenan auf an Bord der Ausflugsschiffe gehen und eine Runde auf dem Forggensee drehen. Wie praktisch, dass neben den üblichen Campingplätzen an den Ufern der Gewässer auch noch drei Wohnmobilstellplätze in fußläufiger Entfernung existieren. Das Ungewöhnliche an ihnen ist nicht nur, dass sie direkte Nachbarn sind und demnach eigentlich in direkter Konkurrenz stehen, sondern, dass sie sich mitten in einem Gewerbegebiet befinden. Eine traumhafte Aussicht auf einen Supermarktdiscounter und fußläufige Erreichbarkeit der Arbeitsagentur sind nicht gerade die Highlights, die man sich als Camper wünscht. Aber diese Einmaligkeit macht die Plätze irgendwie auch schon wieder interessant.

Campen, wo der König weilte

Preislich und von der Ausstattung her gibt es kaum Unterschiede, sodass es für den ortsunkundigen Urlauber keine große Rolle spielt, welchen dieser Plätze wir ansteuern. Wichtig ist nur, dass auch die Innenstadt von Füssen von allen drei Plätzen aus gut zu Fuß zu erreichen ist. Und das ist sie. Einfach aus dem Gewerbegebiet raus, vor dem Discounter nach rechts und immer geradeaus. Nur rund eineinhalb Kilometer und schon stehen wir umgeben von zahlreichen Einkehrmöglichkeiten in der Alt-

↗ Einem der bekanntesten Wahrzeichen Deutschlands kann man sich bei einer Wanderung ab den Stellplätzen in Füssen nähern.

stadt am Ufer des Lech. Wobei man auch im Gewerbegebiet gut speisen kann, nur einige Schritte vom eigenen Camper entfernt. Aber der wohl wichtigste Grund, eine Reise nach Füssen zu unternehmen, ist die Alpenkulisse im Süden der Stadt, vor der sich die Königsschlösser erheben.

Info

Wohnmobilstellplätze Camper's Stop, **Wohnmobilpark und Wohnmobilplatz Sportstudio**, Füssen sowie **Camping Hopfensee** www.wohnmobilplatz.de, www.wohnmobilpark-fuessen.de, www.wohnmobilstellplatz-fuessen.de, www.camping-hopfensee.de

SIGHTSEEING

Schlösser Hohenschwangau und Neuschwanstein; Museum der bayerischen Könige, Alpseestr. 27, 87645 Schwangau; Reptilienzoo Allgäu, Mühlbachgasse 10, 87629 Füssen; Lechfall

EINKEHRMÖGLICHKEITEN

Restaurant Am Platzerl, Abt-Hafner-Str. 9, 87629 Füssen; Tante Paula am Campingplatz Hopfensee, Fischerbichl 17, 87629 Füssen, tantepaula-hopfensee.de; Madame Plüsch, Drehergasse 48, 87629 Füssen, www.madame-pluesch.de

ACTION/AUSFLÜGE

Füssen Strandbad; Walderlebniszentrum Ziegelwies mit Baumkronenweg

ANREISE

Auf der Autobahn 7 bis zur Ausfahrt 139 nach Füssen, weiter auf der Bundesstraße 310 in den Ort.

TOURIST-INFO

www.fuessen.de

2 Das Eldorado für Wohnmobilisten

Zum Wohle an der Mosel

Mit dem Wohnmobil kann man im Moseltal zwischen Koblenz und Trier einfach nichts verkehrt machen. So eine große Auswahl an Stell- und Campingplätzen erleichtert das Campen ungemein.

Mit engen Schleifen windet sich die sanft dahinziehende Mosel durch ihr Tal und bietet bestes Campingerlebnis. Beinahe jeder Weinort, der zwischen Cochem und Monheim etwas auf sich hält, kann entweder mit einem Wohnmobilstellplatz oder einem Campingplatz punkten. Und das Schöne daran: Meist steht man direkt am Flussufer, zumindest dann, wenn man einen Platz in der ersten Reihe ergattern konnte. Nehmen wir doch beispielhaft den Campingplatz in Zell, zentral gelegen, mit bester Aussicht und zahlreichen Freizeitmöglichkeiten in näherer Umgebung. Dort fahren wir unsere Markise aus, holen Tisch und Stühle aus dem Heckbereich und genießen den Blick auf die Ausflugsschiffe, die vor unserem Wohnmobil die Mosel auf- und abfahren. Am gegenüberliegenden Ufer erheben sich derweil die Weinberge und machen Appetit auf das, was man in dem beliebten Tal erleben kann.

Auf dem Fahrrad am Ufer entlang

So schnallen wir unsere Fahrräder vom Heckträger und genießen zum Beispiel eine Fahrt auf dem Moselradweg. Flussabwärts gelangen wir nach Traben-Trarbach und rollen unser Rad durch das Brückentor, das Wahrzeichen vor der Altstadt, oder wir radeln noch weiter und unter der beeindruckenden Hochmoselbrücke her, an der Zeltinger Sonnenuhr vorbei, um die Aussicht von der Burgruine Landshut oberhalb von Bernkastel-Kues zu genießen. Mit den malerischen Aussichtspunkten entlang der Mosel sollten wir uns ohnehin befassen. Denn schon auf dem Fahrradausflug sieht man immer wieder verlockende Schilder zu verschiedenen Orten, die allesamt weit oberhalb des Moseltals liegen. Dafür

→ Über Cochem an der Mosel erhebt sich die Reichsburg.

braucht es aber dann die Wanderschuhe aus dem Camper. Das Erdener Treppchen ist zum Beispiel ein sehr interessanter Kletterweg. Hier wandert man auf dem losen Schiefergestein zwischen den Weinreben in die Höhe. Drei Punkte in den klassischen Ampelfarben Rot, Grün und Gelb weisen uns den Weg und deuten den Schwierigkeitsgrad unterwegs an. Wer ganz nach oben möchte und ein wenig an alpine Wandertouren erinnert werden will, folgt dem roten Punkt. Wanderneulinge entscheiden sich besser für die grüne Variante.

Tipp

Etwas abseits der Mosel befindet sich bei Mörsdorf die Hängeseilbrücke Geierlay, die in spektakulärer Weise ein grünes Tal überspannt. Hier braucht es ein wenig Wagemut, um diese zu überqueren. Dafür gibt es dann Adrenalin pur. Praktischerweise befindet sich ein einfacher Wohnmobilstellplatz auch noch am Ortsrand.

Auch Adrenalinjunkies kommen in der Moselregion voll auf ihre Kosten.

Vom Campingplatz in Zell kommen wir aber auch flussabwärts mit dem Fahrrad durch das Tal und es ist nur eine kurze Radeltour bis zur sehenswerten Doppelstockbrücke Bullay, auf der oben die Eisenbahn, hier auch Kanonenbahn genannt, und unten der Autoverkehr rollen. Im folgenden St. Aldegund wandern wir ganz entspannt zum Raulwing-Platz; schräg gegenüber können wir vom Aussichtspunkt Neefer Petersberg das Moseltal von oben überblicken. Und natürlich passieren wir bei diesen Touren jede Menge weitere Wohnmobilstellplätze und Campingplätze in bester Lage. In der nächsten Moselschleife wird es dann auch noch abenteuerlich. Linker Hand sehen wir oberhalb von Bremm ein Gipfelkreuz über der Ortschaft. Um dorthin zu gelangen, kann man den steilen, aber eher gewöhnlichen Wanderweg nehmen oder man entscheidet sich für eine Wandertour auf dem sogenannten Rundweg Todesangst. Dieser führt nämlich durch den steilsten Weinberg Europas und ist nur erfahrenen Wanderern mit Trittsicherheit und Schwindelfreiheit zu empfehlen. Durch die Weinberge geht es neben dem schmalen Pfad stellenweise steil bergab und mancherorts besteht der Weg nur aus Trittnägeln, die aus der schroffen Felswand ragen. Viel entspannter genießen wir hingegen die Einkehrmöglichkeiten entlang des Flusses, der noch bis Cochem seine Schleifen zieht. Dort, in der trubeligen und gut besuchten Altstadt, aber auch in den vielen kleine-

↗ Auch bei Traben-Trarbach gibt es Campingplätze. Rechts erhebt sich die Burgruine Grevenburg.
← An der Mosel kommt man nicht um das Thema Wein herum.

ren Weinorten warten zahlreichen Straußwirtschaften darauf, die von den Winzern angebotenen Produkte zu verköstigen. Eine Weinprobe folgt dabei der nächsten. Idealerweise machen wir das aber am Abend in dem Ort, in dem auch unser Wohnmobil steht, damit es von der Weinstube nicht mehr so weit bis zum rollenden Heim ist. Empfehlenswert ist das nicht nur wegen des Alkoholpegels im Blut, sondern auch, weil die Taschen schwer sein könnten. Denn es gibt kaum einen Camper, der an der Mosel nicht auch noch den Vorrat an Weinflaschen im Wohnmobil aufstockt.

Info

Campingpark Zell an der Mosel, Moselufer, 56856 Zell (Mosel), www.campingpark-zell.de

SIGHTSEEING

Collis-Turm oberhalb von Zell; Altstadt von Traben-Trarbach, Bernkastel-Kues und Cochem; Burgruine Landshut; Reichsburg Cochem; Burg Eltz

EINKEHRMÖGLICHKEITEN

Restaurant Zum alten Bahnhof, Am Bahnhof 1, 56856 Zell (Mosel), www.weingut-lehmen.de; Straußwirtschaft Zum Gewölbekeller; Weingut Steffens, Hauptstr. 47, 56856 Zell (Mosel)

ACTION/AUSFLÜGE

Calmont-Klettersteig ab Ediger-Eller; Hängeseilbrücke Geierlay; Kletterwege Erdener Treppchen; Ritsch-Klettersteig; Moselsteig; Marienburg und Aussichtsturm Pünderich

ANREISE

Auf der Autobahn 1 bis Koblenz und weiter auf der Bundesstraße 49 durch das Moseltal.

TOURIST-INFO

www.visitmosel.de

3 Camping auf Deutschlands größter Insel

Rügens selbst ernannte Wohnmobil-Oase

Natürlich hat man auf der Ostseeinsel Rügen jede Menge Auswahl an Campingmöglichkeiten. Von der Parzelle direkt am Wasser bis zum Stellplatz in der Nähe des Nationalparks muss man sich keine Sorgen um eine Unterkunft machen.

Doch eine Reservierung kann durchaus von Vorteil sein und ist vor allen Dingen in den Sommermonaten dringend zu empfehlen, ganz egal, für welchen Stell- oder Campingplatz man sich entscheidet. Wie gut, dass auch die Wohnmobil-Oase Prora eine Reservierungsmöglichkeit anbietet. Sie liegt eingebettet zwischen der Ostseeküste und dem Jasmunder Bodden und ist beinahe auf allen Seiten von Wald umschlossen. Auch für Verpflegung ist im dazugehörigen Biergarten gesorgt.

Einblicke in die Geschichte des Landes

Der Platz ist ein wenig abgelegen. Für die Ruhe ideal, für die Versorgung dem einen oder anderen vielleicht zu umständlich. Aber auch hier ist mit einem Hofladen vorgesorgt. Und wem das nicht reicht, der schnappt sich eines der Leihfahrräder und macht sich selber auf den Weg. Dabei kann

← Historische Villen im Bäderstil an der Binzer Strandpromenade
→ Frischer Fisch ist auf der Insel Rügen eine Selbstverständlichkeit.

man ganz nebenbei auch noch die Sehenswürdigkeiten in der Umgebung besichtigen. Die wohl beeindruckendste und auffälligste besteht aus der kilometerlangen Häuserflanke, die während der Nazi-Diktatur als Seebad gebaut wurde. Die Geschichte, die dahintersteckt, und wie man heute den Koloss von Bauwerk nutzt, erfährt man im darin untergebrachten Dokumentationszentrum.

Nicht weit davon entfernt erfreuen sich Fans von historischen Fahrzeugen aller Art, ob Eisenbahn oder Auto, über das Oldtimer-Technikmuseum, das ein paar Überraschungen bereithält.. Und weil Wissen nie schaden kann, sollten wir außerdem noch einen längeren Aufenthalt in der Galileo Wissenswelt verbringen. In dem Museum, das sich vor allen Dingen an die jüngeren Womo-Mitreisenden richtet, darf ausdrücklich experimentiert und geforscht werden. Und wem das alles noch nicht reicht, der setzt sich auf sein Fahrrad und radelt nordwärts ins 16 km entfernt liegende Sassnitz und weiter zum Nationalpark Jasmund, wo die berühmte strahlend weiße Kreideküste mit dem Königsstuhl auf Besucher wartet.

Info

Wohnmobil-Oase Rügen, Proraer Chaussee 60, 18609 Binz, www.wohnmobiloase-ruegende

SIGHTSEEING

Dokumentationszentrum Prora, Dritte Str. 4, 18609 Binz; Wissensmuseum, Proraer Chaussee Gewerbepark, 18609 Ostseebad Binz; Sandskulpturenausstellung, Vierte Str. 4, 18609 Binz; Oldtimer Museum Rügen, Proraer Allee 119, 18609 Binz; NVA-Museum, Proraer Allee 119, 18609 Binz

EINKEHRMÖGLICHKEITEN

Highway 96, Nordstrand 510, 18609 Binz; Heimathafen Prora, Südstrand 203, 18609 Binz, heimathafenprora.wordpress.com

ACTION/AUSFLÜGE

Kreidefelsen Königsstuhl im Nationalpark Jasmund; Baumwipfelpfad mit mehrstöckiger Aussichtsplattform beim Naturerbe Zentrum Rügen

ANREISE

Auf der Autobahn 20 bis Stralsund und weiter auf der E251 bis Stralsund und der Bundesstraße 96 nach Rügen.

TOURIST-INFO

www.ruegen.de

4 Innsbruck im Sommer und im Winter

Mitten in einer Alpenkulisse

Es gibt keine schlechte Jahreszeit, es gibt nur eine schlechte Vorbereitung. Gut vorbereitet ist man in Tirol auf jeden Fall, wenn man für den Campingplatz Natterer See weiß, dass in der Hauptsaison fünf Tage Mindestaufenthalt bestehen.

Und die braucht man auch, denn der Platz befindet sich im Inntal gleich zwischen dem Karwendelgebirge zu Deutschland und dem Brennerpass in Richtung Italien. Für viele Urlauber liegt das eigentlich nur auf dem Weg von der Heimat in südliche Gefilde. Dabei können wir hier viel mehr machen als nur vorbeirauschen. Immerhin erstreckt sich nahe dem Campingplatz die Tiroler Landeshauptstadt Innsbruck, und in der gibt es das ganze Jahr hindurch etwas zu tun. Zu den Wahrzeichen der Stadt zählt natürlich das Goldene Dachl. Über zweieinhalbtausend vergoldete Kupferschindeln bilden das Dach eines spätgotischen Erkers am Ende der Fußgängerzone und leuchten gülden, wenn das Licht der Mittagssonne auf sie trifft.

Stadtrundgang durch Innsbruck

Aber auch im Rest der Altstadt lässt es sich durchaus länger verweilen. Man flaniert von der Hofburg über die Marie-Theresien-Straße mit ihrer Annasäule bis zur Triumphpforte und kehrt gemütlich in einem der Straßencafés ein. Am Südrand der Stadt bietet die Schanze am Bergisel einen wunderbaren Ausblick auf die Stadt – und im Winter natürlich die Möglichkeit, als Zuschauer bei der Vierschanzentournee dabei zu sein. Wer selbst aktiv sein möchte, hat selbstverständlich beste Möglichkeiten, Ski zu fahren oder im Winter die umliegenden Berge bei ausgedehnten Wandertouren zu erklimmen. Doch auch der Campingplatz bietet uns jede Menge Fun und Action. Im Sommer hat der dazugehörige Badesee nämlich eine durchschnittliche Wassertemperatur von 22° Celsius und bietet vom Wassertrampolin über den Mega-Aquapark bis zu Surfboards so ziemlich alles, was man als Wasserratte im Nass und am Ufer machen kann. Und für die Kleinen gibt es ohnehin noch den Kids Club mit Animation und zahlreichen Angeboten.

↗ Beliebte Attraktion in der Innsbrucker Altstadt: das Goldene Dachl
← Traumhafte alpine Kulisse für Wohnmobilisten inklusive Bergen und See

Info

Camping Innsbruck/Natterer See, Natterer See 1, 6161 Natters, www.natterersee.com

SIGHTSEEING
Goldenes Dachl, Herzog-Friedrich-Str. 15; Hofburg, Rennweg 1; Innsbrucker Hofgarten, Kaiserjägerstraße; Tirol-Panorama mit Kaiserjägermuseum, Bergisel 1-2; Bergiselschanze, Glockengießerei mit Museum, Leopoldstr. 53

EINKEHRMÖGLICHKEITEN
Café Katzung, Herzog-Friedrich-Str. 16, 6020 Innsbruck, www.cafe-katzung.at; Seerestaurant Natterer See, 1, Natterer See, 6161 Natters

ACTION/AUSFLÜGE
Brennerpass; Ehnbachklamm; Schlossbachklamm; Swarowski Kristallwelten, Kristallweltenstr. 1, 6112 Wattens; Alpenzoo Innsbruck, Weiherburggasse 37a, 6020 Innsbruck

ANREISE
Auf der Autobahn 12 innerhalb Tirols bis Ausfahrt Innsbruck-West, weiter über Völser Straße und Götzener Landesstraße nach Götzens.

TOURIST-INFO
www.tirol.at; www.innsbruck.info

5 An der schönen blauen Donau

Malerisches Städtecamping

Ein Fahrrad ist in der österreichischen Hauptstadt vorteilhaft, wenn wir vom Campingplatz aus die wunderschöne Altstadt erreichen wollen. Ganz nebenbei lernen wir dabei einen kleinen Teil des Donauradwegs und den berühmten Prater kennen.

Beim Campingplatz in Wien stehen wir vor der Qual der Wahl. Denn beim Gedanken an einen Urlaub in der Hauptstadt wollen wir natürlich die Sehenswürdigkeiten Wiens sehen. Doch gleichzeitig liegt der Campingplatz so unfassbar praktisch, dass wir vor lauter Sport- und Erholungsaktivitäten gar keine Zeit für Kultur und Sightseeing haben. Es schadet also nicht, vorab schon einen Plan aufzustellen, was man auf keinen Fall verpassen möchte, oder sich von den Mitreisenden temporär zu trennen, damit jedes campende Familienmitglied auf seine Kosten kommt.
Der Platz erstreckt sich in einem Wald nahe der Neuen Donau. Hierbei handelt es sich um einen von Menschenhand geschaffenen Nebenarm des berühmten Flusses, der zu zahlreichen Sportmöglichkeiten einlädt. Wie wäre es zum Beispiel, sich beim Wakeboarden über das Wasser ziehen zu lassen? Stand Up Paddeln ist aber genauso möglich wie die vielen schweißtreibenden Aktivitäten auf der kilometerlangen, aber sehr schmalen Donauinsel zwischen Neuer Donau und dem klassischen Fluss. Spannend ist die Wassersportarena, in der man in künstlichen Stromschnellen raften und Kajakfahren kann.

Kulturgenuss in Österreichs Hauptstadt

Und die nahe gelegene Stadt ist ganz ohne Sport ohnehin mehr als nur einen Tag wert, besichtigt zu werden. Immerhin handelt es sich um Wien, eine kulturhistorisch bedeutende Stadt, die sich mit ihrer Altstadt und Schloss Schönbrunn gleich zwei Plätze auf der Liste der UNESCO-Welterbestätten gesichert hat. Nach einer halbstündigen Radtour,

→ Das Große Palmenhaus ist nur eine von vielen Sehenswürdigkeiten im Schlosspark Schönbrunn.

bei denen man viele der Fiaker genannten Kutschen überholt, steht man am Stephansdom, der wiederum die Altstadt dominiert. Schon alleine dieses Gotteshaus mit seinem stolzen Südturm füllt ganze Bücher, vom Rest des Wiener Stadtzentrums ganz zu schweigen.

Info

Camping Neue Donau, Campingplatz O, 1220 Wien, www.wiencamping.at

SIGHTSEEING

Schloss Schönbrunn, Schönbrunner Schloßstr. 47; Schloss Belvedere, Prinz Eugen-Str. 27; Stephansdom und Dommuseum, Stephansplatz 6; Weltmuseum, Heldenplatz; Jüdisches Museum, Dorotheergasse 11; Spanische Hofreitschule, Michaelerplatz 1

EINKEHRMÖGLICHKEITEN

Restaurant Pürstner, Riemergasse 10, 1010 Wien, www.puerstner.com; Zum weißen Rauchfangkehrer, Weihburggasse 4, 1010 Wien, weisser-rauchfangkehrer.at; Kaffee Alt Wien, Bäckerstr. 9, 1010 Wien, altwien.at, Heindls Schmarrn & Palatschinkenkuchl, Grashofgasse 4, 1010 Wien, www.palatschinkenkuchl.at

ACTION/AUSFLÜGE

Donauinsel mit Watersports Arena, Steinspornbrücke; Wakeboardlift, Am Schleusenbrücke Wehr 1; Freizeitpark Prater

ANREISE

Auf der Autobahn 23 bis Stadlau am Knoten Kaisermühlen und weiter über die Straße Am Kaisermühlendamm.

TOURIST-INFO

www.wien.info

6 Zwischen Seen und Bergen in St. Moritz

Wo es auch mal etwas edler wird

St. Moritz in der Schweiz ist natürlich etwas Besonderes. Schon der Name alleine lässt die Kreditkarte in der Geldbörse erzittern, aber trotzdem ist auch hier ein erschwinglicher Urlaub möglich.

Preisvergleiche darf man hier ohnehin nicht ziehen. Der Camping Silvaplana mag deutlich teurer sein als andere Campingplätze in Europa, aber im Vergleich zum Rest der Schweiz ist der Übernachtungspreis hier wiederum nur unwesentlich höher. Außerdem gibt es ja noch den schönen Begriff Preis-Leistungs-Verhältnis. Die Lage ist nämlich unvergleichlich schön. Direkt am Wasser des Silvaplanersees erstreckt sich der Platz, und wer eine Stellfläche in der ersten Reihe ergattern konnte, übernachtet unmittelbar am Ufer. Gleichzeitig sind wir hier von einer grandiosen Bergkulisse umgeben. Egal, in welche Richtung wir schauen, der Blick richtet sich immer nach oben zu den Gipfeln der schweizerischen Alpen.

↗ Einfach mal in einem klaren Gebirgssee abkühlen, warum nicht…
↗ Blick über den Inn auf die Kirche von Sils Baselgia, einen der beiden Ortsteile von Sils.

Mondänes Leben in den Alpen

Und als sei das nicht genug, bietet der Campingplatz auch noch eine top Infrastruktur mit einem sehr gepflegten Sanitärhaus, in dem man sich sein eigenes Privatbad mieten kann. Neben einer eigenen Dusche und Toilette steht einem dann sogar noch eine Badewanne zur Verfügung. Doch auch das Umfeld stimmt einfach. Das Tal, in dem sich der Platz befindet, beherbergt gleich mehrere Seen, die sich bis St. Moritz erstrecken. In die Ortschaft gelangt man am besten per Rad oder mit dem Bus, der gleich vor der Rezeption anhält. Und dann kann man in dem mondänen Kurort und dem Austragungsort von zwei Olympischen Winterspielen in die Treffpunkte des internationalen Jetsets eintauchen. Am Ufer des St. Moritzersees können wir zum Beispiel in der Bar »Devil's Place« Platz nehmen und die weltgrößte Auswahl von mehr als 2000 Whisky-Sorten probieren. Viel ge-

diegener geht es aber zu, wenn wir die Standseilbahn besteigen und mit ihr in die Höhe gelangen, um das Alpenpanorama vom Hausberg von St. Moritz zu genießen. Rund um den Piz Nair bieten sich außerdem zahlreiche Wandergelegenheiten mit Einkehrmöglichkeiten in den Berghütten.

Info

Camping Silvaplana, Via da Boscha 13, 7513 Silvaplana, www.campingsilvaplana.ch

SIGHTSEEING

Julierpass; Piz Nair; Segantini-Museum, Via Somplaz 30, 7500 St. Moritz; Schiefer Turm von St. Moritz, Via Maistra 29; Engadiner Museum, Via dal Bagn 39; Nietzsche-Haus, Via da Marias 67, 7514 Sils im Engadin/Segl

EINKEHRMÖGLICHKEITEN

Restaurant Cafe Pappaloù, Stradun Chantunel 4, 7513 Silvaplana, www.pappalou.ch;
Chesa Veglia, Via Veglia 2, 7500 St. Moritz, badruttspalace.com

ACTION/AUSFLÜGE

Der Schweizerische Nationalpark ist zwar etwas weiter entfernt, aber dennoch mit seinen zahlreichen gut erschlossenen Wanderwegen ein guter Tipp für einen Ausflug.

ANREISE

Auf der Autobahn 13 bis Chur und dann auf der Straße 3 über den Julierpass bis vor die Rezeption des Campingplatzes.

TOURIST-INFO

www.stmoritz.com

7 Campingurlaub am Top of Europe

Hier braucht es sehr viel Zeit

Auf unserem Kontinent wird häufiger mal von örtlichen Touristikern damit geworben, man sei an einem leicht erreichbaren Top of Europe. Diese Werbeaussage trifft aber nirgendwo mehr zu als bei Interlaken.

Was haben wir doch für fantastische Möglichkeiten, wenn wir unseren Campingwagen nach Interlaken steuern. Auf dem TCS Camping Böningen stehen wir zum Beispiel direkt am Ufer des Brienzersees und nur auf einem von vielen Campingplätzen, die rund um das Gewässer Campingübernachtungen anbieten. Hier könnte man, wenn man denn wollte, einfach die Seele baumeln lassen und den ganzen Tag lang in wunderschöner Alpenkulisse auf den Gebirgssee blicken. Aber dafür sind der Campingplatz und die Ortschaft Interlaken viel zu zentral und praktisch gelegen. Man hätte zum Beispiel die Möglichkeit, mit dem Zug innerhalb einer Stunde nach Bern zu reisen und die dortige

↗ Schon von Interlaken aus hat man einen wunderbaren Ausblick auf die umstehende Gebirgslandschaft.
← Am Abend spaziert man gemütlich mit Blick auf Unterseen in Interlaken.

Altstadt mit Welterbestatus und ihren zahlreichen sehenswerten Brunnen zu erleben.

Der höchste Bahnhof Europas

Genauso lange wäre man mit dem Auto in die andere Richtung unterwegs, um nach Luzern zu gelangen. Unterwegs hält man noch an einem Aussichtspunkt mit dem unaussprechlichen Namen Chälrütirank an, der besten Weitblick ermöglicht. Das macht übrigens auch der Pilatus vor den Toren Luzerns, den wir mit der steilsten Zahnradbahn der Welt erklimmen können. Alles traumhaft, doch das Highlight befindet sich direkt bei Interlaken. Und dafür gehen wir ebenfalls nur wenige Hundert Meter vom Campingplatz zum Bahnhof von Interlaken, um dort in einen Zug zu steigen, der uns über Lauterbrunnen und Wengen zum Bahnhof Kleine Scheidegg bringt. Einmal umsteigen bitte in die Jungfraubahn. Diese Zahnradbahn bringt uns durch die legendäre Eigernordwand bis zum höchstgelegenen Bahnhof Europas, zum Jungfraujoch, wo wir in über 3400 Metern Höhe einen unvergleichlichen Blick auf den unter UNESCO-Schutz stehenden Aletschgletscher genießen. Warme Kleidung ist hier auch im Sommer unbedingt ratsam.

Info

TCS Camping Böningen-Interlaken, Campingstr. 14, 3806 Bönigen, www.tcs.ch

SIGHTSEEING

Japanischer Garten, Schlossstr. 1, 3800 Interlaken; Touristik Museum, Obere Gasse 26, 3800 Unterseen

EINKEHRMÖGLICHKEITEN

Restaurant Laterne, Obere Bönigstr. 18, 3800 Interlaken, restaurant-laterne.ch; Pizzeria La Bohème, Am Quai 3, 3806 Bönigen

ACTION/AUSFLÜGE

Für Kinder bis 10 Jahre: Mysty Land, Obere Bönigstr. 100, 3800 Matten; Helicopter Skydive, Mittelweg 11, 3812 Wilderswil; Seilpark Interlaken mit Baumwipfelpfaden, Wagnerenstrasse, 3800 Interlaken; Botanischer Alpengarten Schynige Platte, Bergstation Schynige Platte-Bahn, 3812 Wilderswil; Jungfraujoch mit Wandermöglichkeiten zur Mönchsjochhütte; Ausflüge nach Bern und Luzern

ANREISE

Auf der Autobahn 1 bis Bern und weiter auf der Autobahn 6 bis Spiez und Autobahn 8 bis Interlaken.

TOURIST-INFO

www.jungfrau.ch

8 An den Steilklippen der Normandie

Genusscamping am Ärmelkanal

Der Camping Municipal im französischen Étretat ist einer von vielen klassischen, kommunalen Plätzen im Land. Trotz einfacher Ausstattung kann er enorm punkten, und zwar mit seiner Lage in einem der charmantesten Orte Frankreichs.

Direkt am Ortsrand und dann auch noch im Hinterland gelegen, wirkt der Campingplatz in Étretat auf den ersten Blick eher durchschnittlich. Doch schaut man genauer hin, dann stellt man fest, wie schön es ist, hier zu übernachten. Einerseits ist er gut zu erreichen, andererseits ist er wiederum etwas abgelegen und bietet ausreichend Ruhe. Mit einem dazugehörigen und erstaunlich günstigen Wohnmobilstellplatz bietet er außerdem auch die Wahl zwischen klassischem Camping und unkomplizierter Rund-um-die-Uhr-Anreise. In den Ortskern spaziert man nach dem Einchecken ganz entspannt und immer geradeaus auf der Rue Guy de Maupassant. Benannt ist sie nach dem Schriftsteller des 19. Jahrhunderts, der hier lebte. Natürlich nicht auf dem Campingplatz, sondern ein paar Häuser weiter. Animation oder gar Glamping im Edel-Chic ist hier Fehlanzeige. Hier wird einfach ganz bodenständig gecampt.

Ort mit literarischen Begegnungen

Ein weiterer wichtiger Schriftsteller war Maurice Leblanc, der ebenfalls in einem Haus entlang dieser Straße wohnte. Dieses kann mittlerweile besichtigt werden und beherbergt ein kleines Museum. Im Ortskern angekommen, zieht es einen ganz automatisch in die sehenswerte Markthalle, danach genießt man den Rundgang zwischen den historischen Fachwerkhäusern. Doch das Wahrzeichen von Étretat erblicken wir, wenn wir die Küste erreicht haben. Mit einem charakteristischen Rauschen umspült das Wasser des Ärmelkanals den Kiesstrand und trifft rechts und links davon auf schroffe Felswände, die sich steil erheben. Das Highlight sind dabei die drei Felsbögen, die wie Tore von der Steilküste in das

↗ Die Felsnadel und der Torbogen sind eine Berühmtheit an der Küste von Étretat.
→ Kunst und Skulpturen gibt es in einem Park nebenan.

raue Meer hineinreichen sowie die Felsnadel namens Aiguille. Sie ist ein echter Hingucker und wurde bereits von Claude Monet auf Leinwand gebannt. Auch bei den von Maurice Leblanc geschriebenen Romanen rund um den Meisterdieb Arsène Lupin spielte die Felsnadel eine Rolle.

Info

Camping Municipal, 69 Rue Guy de Maupassant, 76790 Étretat

SIGHTSEEING

Maison Maurice Leblanc, 15 Rue Guy de Maupassant; Aiguille d'Étretat; Steilküste der sogenannten Alabasterküste; Monument l'Oiseau Blanc; Kapelle Notre-Dame-de-la-Garde auf der Steilküste; Gärten von Étretat, Avenue Damilaville

EINKEHRMÖGLICHKEITEN

Restaurant und Crêperie, Lann-Bihoué, 45 Rue Notre Dame, 76790 Étretat, www.etretat-lannbihoue.fr; Le Homard Bleu, Front de mer, 76790 Étretat, lehomardbleu-etretat.com

ACTION/AUSFLÜGE

Leuchtturm Antifer, La Poterie-Cap-d'Antifer, 76280 Criquetot-l'Esneval; Palais Bénédictine, 110 Rue Alexandre le Grand, 76400 Fécamp; Stadtzentrum von Le Havre mit Rathausturm und Le Volcane (UNESCO-Welterbestätte)

ANREISE

Auf der Autobahn 29 bis Ausfahrt Fécamp und weiter über die D926 und D940 bis Étretat. Im Ort links auf die D39.

TOURIST-INFO

www.normandie-tourisme.fr

9 Am Übergang der Normandie zur Bretagne

Wunderschöne Perle am Meer

Ob Campingplatz oder Wohnmobilstellplatz – wer hier am Abend lieber den Fernseher anmacht, anstatt den prachtvollen Anblick der illuminierten Abtei Mont-St-Michel zu genießen, der verpasst etwas.

Die Normandie lassen wir gerade so eben hinter uns und die benachbarte Bretagne ist nur einen Steinwurf entfernt. Genau hier gibt es mehrere Camping- und Wohnmobilstellplätze, obwohl der Küstenstreifen keinen Sandstrand bietet und das Hinterland von landwirtschaftlichen Nutzflächen dominiert wird. Dennoch zählt dieses kleine Fleckchen Erde zu den am meisten besuchten Frankreichs. Vor der Küste erhebt sich nämlich auf einer Insel die traumhaft schöne Abtei Mont-St-Michel, die rund ums Jahr unzählige Besucher anlockt. Einst gab es hier einen Damm und man konnte mit dem Wohnmobil bis vor die befestigte Anlage fahren. Das ist zum Glück nicht mehr möglich. Man hat den Damm durch eine Brücke ersetzt und sämtliche Autos und Campingfahrzeuge auf das Festland verbannt.

Das Stativ nicht vergessen

Die Abtei ist wieder eine Insel und so verhinderte man die Verlandung dieses hübschen Eilands. Zugegeben, jetzt haben wir von den Campingplätzen oder den Stellplätzen einiges zu laufen. Zwei Kilometer sind es im besten Fall mindestens, wenn man nicht auf die Shuttlebusse zurückgreifen will. Doch gerade am Abend, wenn die Sonne hinter dem Horizont des Atlantiks verschwindet, lohnt sich dieser Spaziergang allemal. Zum einen verlassen die Tagesbesucher den durchaus rummeligen Ort und zeigen uns, dass wir Camper klar im Vorteil sind, zum anderen ist der beeindruckende Bau wunderbar beleuchtet. An jedem Abend stehen dann die Hobby- und Profifotografen am Rande der Bucht und blicken durch den Sucher ihrer Kamera, die auf einem Stativ den schönsten Moment einfängt. Ein Traumziel ist Mont-St-Michel natürlich auch tagsüber, wenn man zwischen den kleinen kopfsteingepflasterten Gassen flaniert und sich später von dem anstrengenden Besuch im rollenden Heim auf den großzügigen Plätzen erholt.

↑ Die Arkaden des Kreuzgangs sind üppig mit Steinmetzarbeiten verziert, einige wenige Säulen sind noch original.
↙ Beeindruckend erhebt sich die Abtei Mont-St-Michel im Wattenmeer.

Info

Camping du Mont-Saint-Michel, Route du Mont St Michel, 50170 Le Mont-Saint-Michel, www.camping-montsaintmichel.com; **Wohnmobilstellplatz Mont-Saint-Michel**, Le Bas Pays, 50170 Beauvoir; **Camping aux Pommiers Tohapi**, 28 Rte du Mont Saint-Michel, 50170 Beauvoir, www.camping-auxpommiers.com; **Wohnmobilstellplatz Beauvoir**, Route du Mont Saint-Michel, 50170 Beauvoir

SIGHTSEEING
Abtei Mont-Saint-Michel

EINKEHRMÖGLICHKEITEN
Restaurant Le Pré Salé, Route du Mont St Michel, 50170 Le Mont-Saint-Michel, www.restaurantlepresale-montsaintmichel.com; Restaurant Du Guesclin, Grande Rue, 50170 Le Mont-Saint-Michel, www.hotelduguesclin.com

ANREISE
Auf der Autobahn 84 bis zur N175, dort weiter nach Pontorson und auf die D776 wechseln.

TOURIST-INFO
www.bienvenueaumontsaintmichel.com

10 Mit dem Womo an die Côte d’Azur

Sehen und gesehen werden

Die Mittelmeerküste Südfrankreichs steht leider nicht im Glanze des Wohnmobiltourismus. Höhenbeschränkungen und Parkverbote verleiden Campern ein wenig das beliebte Reiseziel. Wie gut, dass es Lichtblicke gibt.

Denn wer will nicht einmal mit dem Wohnmobil dort entlangfahren, wo die Größen des Formel-1-Sports immer wieder ihre Runden drehen und der Hauch von Eleganz und Luxus in der Luft liegt? Das kleine Fürstentum Monaco bietet keinerlei Campingmöglichkeiten an. Zu klein ist das Land und zu unbedeutend die Einnahmequellen aus dem Wohnmobiltourismus. Wie gut, dass man in den Straßen von Monaco oft gar nicht weiß, ob man noch in Monte Carlo oder schon im umliegenden Frankreich unterwegs ist. Nur ein Katzensprung entlang der Küstenstraße ist es durch die anderen Orte, bis wir nach wenigen Kilometern im französischen Menton in die steilen Hänge der Seealpen hineinfahren. Direkt am Wasser übernachten wir nicht, sondern etwas oberhalb der Ortschaft mit einem wunderbaren Ausblick auf das Mittelmeer.

← Blick auf das Mittelmeer in einer Gasse in Monaco
↗ Fassade des Fürstenpalasts in Monte Carlo

Ausflüge in drei Staaten

Die terrassenförmig angelegten Stellplätze sind zwar in dem einen oder anderen Fall nicht ganz so leicht zu befahren. Doch wenn das Wohnmobil einmal eingeparkt ist, steht dem Campingurlaub an der Côte d'Azur nichts mehr im Wege. Der Spaziergang in die Stadt Menton ist schnell und einfach möglich, doch vergessen sollte man nie den Rückweg, für den es ein wenig Kondition benötigt, um den Hügel wieder hinaufzusteigen. Sind wir aber erst einmal unten, sollten wir sowieso lieber erstmal am Bahnhof von Menton in den Zug steigen. Gerade einmal zehn Minuten fährt die Bahn, während sie die Staatsgrenze überquert, und schon steigen wir am Hauptbahnhof von Monte Carlo aus, um das kleine Nachbarland mit seinem Jachthafen und dem Fürstenpalast zu besichtigen. Nur doppelt so lang in die andere Richtung und schon können wir auch noch das nächste Land besuchen. Ein Kurzausflug nach Ventimiglia in Italien ist ab diesem Campingplatz ebenfalls möglich.

Info

Campsites French Riviera Menton - St Michel, Plateau Saint-Michel, Route des Ciappes de Castellar, 06500 Menton, www.campingscotedazur.com

SIGHTSEEING
Fürstenpalast Monaco; Museum Jean Cocteau, Bastion du vieux port, 06500 Menton; Botanischer Garten Val Rahmeh, Avenue Saint-Jacques, 06500 Menton; Ozeanographisches Museum von Monaco, Avenue Saint-Martin, 98000 Monaco

EINKEHRMÖGLICHKEITEN
Trattoria La Mamma, 1 Rue de la Marne, 06500 Menton, trattorialamamma.com; Restaurant Ischia, 29 Quai Bonaparte, 06500 Menton, www.ristoranteischiamenton.com

ACTION/AUSFLÜGE
Ausflüge mit dem Zug nach Ventimiglia auf italienischer Seite oder gar noch weiter bis Sanremo. In die andere Richtung wiederum mit dem Zug nach Nizza oder gar Cannes. Im Landesinneren sind Ausflüge in den Nationalpark Mercantour und Fahrten auf der Route des Grandes Alpes möglich.

ANREISE
Auf der Autobahn 8 bis Menton und auf der D2566 bis zur Küste. Am Kreisverkehr vor dem Bahnübergang links halten und der Beschilderung zum Campingplatz folgen.

TOURIST-INFO
www.visitmonaco.com

11 Panoramablick von der Dune du Pilat

Urlaub im Becken von Arcachon

Bei so vielen Campingplätzen, wie wir sie im Becken von Arcachon vorfinden, weiß man genau, dass das schon einen guten Grund haben wird. Und den gibt es an diesem wunderbaren Küstenbereich des Atlantiks natürlich.

Viele der vorhandenen Campingplätze haben ihren Schwerpunkt auf Dauercamper in Mobilheimen. Das ist zwar für uns Reisende nicht immer praktisch, weil die Plätze dann nicht immer sehr viele touristische Plätze anbieten, doch auch diese Vielzahl an Dauerurlaubern

spricht natürlich eindeutig für die Landschaft. Und die ist wahrhaftig ein Traum an Urlaubsregion. Wie gut, dass es Campingplätze wie den Campéole Le Vivier gibt, auf denen man auch als touristischer Camper gut unterkommt. Mit großen Pools, lebhafter Animation und einem umfangreichen Angebot an Freizeitmöglichkeiten fehlt es auf diesem Campingplatz an nichts, der hier nur stellvertretend für die zahlreichen Campingmöglichkeiten rund um Biscarrosse steht.

Schier endloser Sandstrand

Außerdem liegt der Platz mitten im schattigen Wald und dennoch sind es nur ein paar Schritte auf dem weichen, sandigen Waldboden, bis man am breiten und kilometerlangen Strand steht. Wer das ganze Jahr davon geträumt hat, den ganzen Tag lang immer nur am Sandstrand spazieren zu gehen, während das Wasser die Füße umspült, der ist hier genau richtig und erlebt nach einer anstrengenden Tagestour noch ein sandiges Highlight. Denn nördlich von Biscarrosse, bereits kurz vor den Toren der Stadt Arcachon, erhebt sich mit einer Höhe von über 100 Metern die höchste Düne Europas. Mit einer Breite von 500 Metern und einer Nord-Süd-Ausdehnung von über zweieinhalb Kilometern kann man sich schon alleine mit der Dune du Pilat einen ganzen Tag beschäftigen. Denn sie kann bestiegen werden und bietet von oben einen wundervollen Ausblick. Auf der einen Seite schweift unser Blick über das Meer und auf der anderen Seite über den sich bis zum Horizont erstreckenden Kiefernwald. Irgendwo in diesem Wald befindet sich auch unser Campingplatz, den wir auf einem ausgedehnten Wanderwegenetz erreichen können. Unterwegs kann man sich dann beim Vorbeispazieren die vielen anderen Campingplätze anschauen und je nach Bedarf auch einfach mal wechseln.

→ Schön übersichtlich zeigt die Wasserwacht hier am Strand von Arcachon die tagesaktuellen Werte. ↙ Die traumhaft schöne Dune du Pilat ist Europas höchste Wanderdüne.

Info

Camping Campéole Le Vivier, 681 Rue du Tit, 40600 Biscarrosse, www.ms-vacances.com/camping-campeole/camping-le-vivier/decouvrir-le-camping/

SIGHTSEEING

Museum Hydraviation, 332 Rue Louis Breguet, 40600 Biscarrosse; Château de Montbron, Place de l'Orme, 40600 Biscarrosse

EINKEHRMÖGLICHKEITEN

Restaurant Surf Palace, 7 Rue de la Garole, 40600 Biscarrosse, www.surfpalacebiscarrosse.com; Restaurant La Siesta, Rond Point Nord, 40600 Biscarrosse

ACTION/AUSFLÜGE

Aquapark Biscarrosse, Port Maguide, 18 Chem. de Maguide, 40600 Biscarrosse; Dune du Pilat; Freizeitpark Kid Parc Île d'Aventures, 131 Route des Lacs, 33470 Gujan-Mestras; Aqualand Bassin d'Arcachon, Route des Lacs, 33470 Gujan-Mestras

ANREISE

Auf der Autobahn 63 ab Bordeaux bis zur Autobahn 660 nach Arcachon und weiter auf der D218.

TOURIST-INFO

www.biscagrandslacs.de

12 In den weiten Dünen der Insel Texel

Urlaubsinsel mit kurzer Überfahrt

Das vermutlich beliebteste Eiland der Niederlande heißt Texel. Mit einer einfachen und schnellen Überfahrt ab Den Helder kommen wir am südlichen Hafen an und steuern unser Wohnmobil zwischen Deich und Windmühlen zum Campingplatz.

Die Auswahl an Campingplätzen ist auf Texel enorm und reicht von zentral gelegenen Plätzen an Bauernhöfen, sogenannten Minicampings, bis hin zu großzügigen Anlagen, die direkt an den Dünen oder sogar teilweise in den Dünen liegen. Einen guten Mix aus beidem stellt der Campingplatz De Shelter an der Inselortschaft De Koog zur Verfügung. Er ist nicht zu groß und bietet daher mehr Ruhe als die gut besuchten Freizeitanlagen, aber er ist auch nicht abgelegen und befindet sich am Ortsrand direkt neben der Dünenlandschaft. Durch ein kleines Wäldchen ist man außerdem in Windeseile zu Fuß am weit ausgedehnten Strand, der natürlich die Hauptattraktion auf der Insel Texel ist. Rad- und Wanderwege durch die Dünen schließen sich ebenfalls direkt am Campingplatz an und wer es ein kleines bisschen rummeliger mag, der spaziert in wenigen Schritten in das überschaubare Zentrum von De Koog, wo man nicht nur am Abend gut einkehren kann.

Kibbelinge isst man am Paal

Apropos Einkehren. Ein Highlight sind die Strandpavillons, die als Paal bezeichnet werden und entlang der Westküste durchnummeriert sind. Die Nummerierung ist historisch bedingt und auf die Mitte des 19. Jahrhunderts zurückzuführen. Mit den Palen (Einzahl Paal=Pfahl) errichtete man Erkennungspunkte, um die Veränderung des Küstenabschnitts verfolgen zu können. Heute haben die Strandpavillons bzw. Restaurants die Nummerierung übernommen und tragen den Namen des nächstgelegenen Paals. Je größer die Nummer, umso nördlicher ist bzw. isst man auf der Insel. Da jedes Restaurant seinen eigenen Charakter und Charme besitzt, kann man sich bei ei-

→ Kleine Strandhäuser vor den weiten Dünen der Insel Texel

nem längeren Inselaufenthalt von Paal zu Paal durchprobieren, bis man bei Strandpaal 30 am nördlichsten Punkt gleich neben dem roten Leuchtturm an einem weiteren Wahrzeichen Texels angekommen ist. Eierland ist sein Name, benannt nach der einstigen Insel, die durch Landgewinnung nun den nördlichsten Teil von Texel bildet.

Info

Camping De Shelter, Boodtlaan 43, 1796 BD De Koog, www.krim.nl

SIGHTSEEING

Historischer Leuchtturm, Vuurtorenweg 184, 1795 LN De Cocksdorp; Luftfahrt- und Kriegsmuseum, Postweg 126, 1795 JS De Cocksdorp; Kulturhistorisches Museum, Hogereind 6, 1793 AG De Waal; Maritime Strandgutausstellung, Pontweg 141A, 1796 MA De Koog; Aussichtspunkt Bunker Den Hoorn; Nationalpark Dünen von Texel

EINKEHRMÖGLICHKEITEN

Strandpaal 21, Strandslag 21, 1796 BD De Koog, www.strandpaal21.de; Strandpaviljoen Paal 20, Badweg 202, 1796 AA De Koog, bries20.nl; Strandpaviljoen Paak 17, Ruijslaan 94, 1796 AZ De Koog, www.paal17.com

ACTION/AUSFLÜGE

Aussichtsturm Fonteinsnol, Rozendijk 35, 1791 PD Den Burg

ANREISE

Auf der Autobahn 7 bis Wieringerwerf und weiter auf N240, N99 und N250 bis Den Helder. Dort auf die Fähre.

TOURIST-INFO

www.texel.net

13 Zur modernen Architektur von Rotterdam

Urbanes Lebensgefühl beim Campen

Städtereisen sind auch beim Camping ganz groß gefragt. Erst recht, wenn es so attraktive Städte wie Rotterdam sind. Denn da warten nicht nur der große Hafen, sondern auch eine faszinierende, moderne City, darauf, erkundet zu werden.

Doch wie das bei internationalen Großstadt-Campingplätzen oft so ist, gehen diese meistens mit einer gewissen Lärmkulisse einher oder sind mit einer etwas weniger gepflegten Ausstattung versehen. Zumindest Letzteres ist auf dem Stadscamping Rotterdam nicht der Fall. Das Sanitärhäuschen ist sauber und gepflegt, und wenn man einen Begriff finden möchte, der den Zustand beschreibt, würde man wohl bei altbacken landen. Das ist allerdings ein wenig überraschend, wenn man das Stadtzentrum gesehen hat, das sich in einem sehr modernen und zum Teil auch architektonisch verspielten Gewand präsentiert. Was die Lärmkulisse betrifft, sollten wir tatsächlich keine allzu großen Erwartungen haben. Während sich die großzügig eingeteilten Parzellen auf Wiese befinden und teilweise von hohen Hecken und Bäumen umgeben sind, liegt der gesamte Campingplatz direkt neben einer Autobahn. Das ist aber der Preis für eine zentrale Lage und Hand aufs Herz: Ruhige, kleine Campingplätze gibt es im gesamten Land mehr als genug. Wer aber eine Weltstadt besichtigen will, dazu noch bequem, muss Kompromisse eingehen.

Tipp

Anstatt zu Fuß über die Erasmusbrücke zurückzugehen, können wir auch mit dem Wassertaxi an das andere Ufer gelangen. Mit 400 PS geht es ziemlich rasant über das Wasser der Nieuwe Maas und wir haben die Auswahl zwischen 50 Haltepunkten, die auf den Wasserstraßen Rotterdams angefahren werden können.

→ Ungewöhnliche Wohnform: die Kubushäuser von Piet Blom

Und genau das funktioniert ab dem Stadscamping Rotterdam wunderbar. Ist man gut zu Fuß, dann kann man sogar auf die öffentlichen Verkehrsmittel verzichten oder das Fahrrad am Heckträger hängen lassen. Nicht ganz zweieinhalb Kilometer Fußweg sind es nämlich, bis man am Hauptbahnhof von Rotterdam steht und damit gleich eine der ersten Sehenswürdigkeiten in Augenschein nehmen kann.

Moderne Fassaden prägen das Stadtbild

Rotterdam erlitt durch Luftangriffe der Deutschen sehr schwere Schäden. Beinahe die gesamte Stadt war dem Erdboden gleichgemacht, was sich heute im Stadtbild widerspiegelt. Zahlreiche moderne und zum Teil futuristische Gebäude prägen die Skyline von Rotterdam. Dieses Bild wird schon beim Hauptbahnhof bestätigt. Der Bahnhofsvorplatz wird von dem weit ausladenden Vordach dominiert. Gleich daneben erheben sich die ersten Bürotürme. Das spitze Dach des Bahnhofs scheint uns die Richtung anzeigen zu wollen, in die wir zu gehen haben. So spazieren wir, mit dem Bahnhof im Rücken, geradeaus bzw. halblinks, um das moderne Zentrum von Rotterdam zu besuchen. Mit seinen Shops und Einkehrmöglichkeiten unterscheidet es sich zunächst einmal nicht sonderlich von dem anderer europäi-

Wer die Markthalle hungrig wieder verlässt, hat definitiv etwas falsch gemacht.

sche Großstädte. Doch es gibt zwei Bereiche in der Rotterdamer Innenstadt, die sich dann doch deutlich abheben. Einer dieser Bereiche befindet sich rund um die Haltestelle Blaak im südöstlichen Teil der Innenstadt. Hier wurde die eindrucksvolle Markthalle errichtet, die man unbedingt besuchen sollte. Sie ist über 120 Meter lang und an beiden Kopfenden mit einer riesigen Glasfassade versehen. Zahlreiche Händler bieten hier ihre Produkte an. Die Einkehrmöglichkeiten reichen von lokalen Imbissen wie Frikandeln über besondere Köstlichkeiten zu exotischeren Speisen wie Empañadas. Außerdem kann man natürlich auch seine Vorräte im Wohnmobil aufstocken, spätestens mit den Einkäufen, die man noch im großen unterirdischen Supermarkt Albert Heijn erledigen kann. Verlässt man die Markthalle, fallen einem mit gelber Fassade und grauem Dach die würfelförmigen Wohnhäuser gegenüber auf. Sie sind Teil eines Wohnprojektes, das Ende der 1970er-Jahre entstand.
Fast alle diese Häuser bzw. Würfel haben eine Kantenlänge von 7,50 Meter und sind so gekippt, dass sie auf einer Ecke zu stehen scheinen. Damit zeigen drei Seiten des Kubus nach oben und drei weitere nach unten. Weitere futuristische Bauwerke finden wir am Kreuzfahrtterminal, das man über die ebenfalls sehenswerte Erasmusbrücke erreicht. Gleich dahinter scheint ein fast 100 Meter

↗ Die Markthalle ist nicht nur eindrucksvoll, sondern auch ideal für den Hunger zwischendurch.
← Brücken und Wasser dominieren natürlich auch das Bild von Rotterdam.

hohes Bürogebäude zu einer Seite zu kippen und von einem einzigen Pfeiler gestützt zu werden, doch dieser dient lediglich dem Design.
Wer zum Abschluss seines abwechslungsreichen Stadtrundgangs noch einen Blick auf eine Miniaturversion von Rotterdam und der Niederlande werfen möchte, begibt sich wieder zurück zum Hauptbahnhof. Unweit vom Centraal entfernt lockt das Miniworld mit einer liebevoll gestalteten Eisenbahnanlage auf einer Fläche von 650 Quadratmetern.

Info

Stadscamping Rotterdam, Kanaalweg 84, 3041 JE Rotterdam, www.stadscamping-rotterdam.nl

SIGHTSEEING

Markthalle, Dominee Jan Scharpstraat 298, 3011 GZ Rotterdam; Kubushaus, Overblaak 70, 3011 MH Rotterdam; Maritiem-Museum, Leuvehaven 1, 3011 EA Rotterdam; Kunstmuseum Depot Boijmans Van Beuningen, Museumpark 24, 3015 CX Rotterdam; Wereldmuseum, Willemskade 25, 3016 DM Rotterdam

EINKEHRMÖGLICHKEITEN

Markthalle; Restaurant Gusto, Schiedamse Vest 40, 3011 BA Rotterdam, www.gusto-rotterdam.nl; Restaurant Bazar, Witte de Withsstraat 16, 3012 BP Rotterdam, www.hotelbazar.nl

ACTION/AUSFLÜGE

Museumsmühlen Nederwaar bei Kinderdijk vor den Toren Rotterdams, Nederwaard 5, 2961 AS Kinderdijk

ANREISE

Auf der Autobahn 20 bis zur Autobahn 13 und über die Oost-Blijdorpbrug bis zum Kanaalweg. Dort rechts auf den Campingplatz.

TOURIST-INFO

www.rotterdam.info

14 Reise zur Madonna von Brügge

Genussvoller Stadtspaziergang

Mit dem Ausflugsboot durch die Grachten, flanieren auf dem Burgplatz, die Aussicht genießen vom Belfried und lecker einkehren rund um den Markt. Brügge hat es einfach drauf und bietet bestes Stadtcamping.

Das Wohnmobil stellen wir auf dem Campingplatz Memling ab, wo wir topmodern an einem Self-Service-Counter selbst einchecken und auch bezahlen können. Der Campingplatz, zwischen Wohnvierteln und einem Wäldchen, sehr ruhig gelegen, bietet einen einfachen Einstieg in die Stadtbesichtigung. Schwer macht es einem auch die belgische Stadt Brügge auf keinen Fall. Nur rund eineinhalb Kilometer sind es zu Fuß auf einer schnurgeraden Straße, bis man vom Campingplatz aus den Rand der Altstadt erreicht hat. Bis zu den Highlights der Stadt spaziert man zwar noch einmal so weit, doch genießt man auf der Langestraat im Sint-Anna-Quartier schon die gemütlich wirkenden Wohnhäuser, die uns vergessen machen, dass wir uns in einer Großstadt befinden. Da die Stadt Brügge praktisch nie zerstört wurde, präsentiert sie sich mit einer sehenswerten, mittelalterlichen Altstadt, die zurecht auf die Liste der Weltkulturerben der UNESCO aufgenommen wurde.

Die heutige Hauptstadt der Provinz Westflandern war von jeher ein wichtiger Handelsplatz. Heute ist es kaum noch vorstellbar, dass der zentral gelegene Marktplatz einst mit dem Schiff erreichbar war. Der lebhafte Platz wird von zwei Gebäuden dominiert. An der Ostseite erhebt sich der sogenannte Provinciaal Hof, das Provinzgericht, mit einer neogotischen Fassade. Es wurde Mitte des 19. Jahrhunderts errichtet und ersetzt die vorherige Wasserhalle. Das damals ebenso imposante Gebäude brachte es auf eine Länge von fast 100 Metern und diente als Handelshaus für die Schiffe, die dort anlegten. Im 18. Jahrhundert verlagerte sich der Handel nach Antwerpen, und die in Brügge vorhandenen Kanäle wurden zum Teil trockengelegt, sodass die Wasserhalle überflüssig wurde und für den heutigen Provinciaal Hof Platz schuf. Ihr Abriss fand unter Protest statt.

→ Das Stadthaus von Brügge zeigt sich mit eindrucksvoller Fassade.

Tolle Aussichten vom Belfried

Das zweite markante Bauwerk am Markt ist der 83 Meter hohe Belfried, der bereits seit dem 13. Jahrhundert als das höchste Gebäude der Stadt gilt. Noch immer darf kein anderes Bauwerk in Brügge höher sein als dieser rechteckige Turm. Er bietet einen prachtvollen Blick über die Stadt. Doch sollte man sich nicht nur auf eine anstrengende, kostenpflichtige Besteigung mit über 360 Stufen gefasst machen, sondern auch auf eine lange Wartezeit. Hier lohnt sich das frühe Aufstehen, da nur maximal 50 Personen gleichzeitig im Turm sein dürfen. Und man spaziert nicht nur mal eben auf den Turm, sondern hat unterwegs noch die Schatzkammer zu besichtigen, das Turmzimmer und die Musikrolle, die das beliebte Glockenspiel ansteuert. Jeden Mittwoch, Samstag und Sonntag bespielt der Glockenspieler von 11 bis 12 Uhr die 47 Glocken des Belfrieds. Nur einen Steinwurf entfernt befindet sich der von zahlreichen historischen Gebäuden gesäumte Burgplatz.

Die Alte Zivilkanzlei erkennen wir an der hellen und reichhaltig ausgeschmückten Renaissance-Fassade, die von mehreren Skulpturen gekrönt wird. Das aus dem frühen 16. Jahrhundert stammende Bauwerk beherbergt heute die Kunstsammlung Bruggse Vrije. Rechts daneben erhebt sich stolz das spätgotische Rathaus der Stadt vom Ende des 14. Jahrhunderts. Daneben grenzt an das Rathaus das älteste Gebäude des Platzes, die Heilig-Blut-Basilika. Diese Doppelkapelle entstand als romanische Kirche im 12. Jahrhundert. Gleich hinter dem Gebäudeensemble befindet sich

Tipp

Zwischen Belfried und Burgplatz passiert man auf der linken Seite das Biermuseum, in dem man sich auf einem umfangreichen und mit vielen Treppen leider nicht barrierefreien Rundweg mit der Bierbraukunst Belgiens befassen kann. Beim Kauf des etwas teureren Tickets ist eine Bierverkostung im Anschluss inklusive.

Beinahe wie in Venedig fühlt man sich zwischen den von Wasser umgebenen historischen Häusern.

eine der Grachten, die sich durch die Altstadt von Brügge ziehen. Sehenswert ist aber auch die Skulptur der Brügger Madonna im Inneren der Liebfrauenkirche. Die Darstellung Marias mit dem stehenden Jesuskind wurde zu Beginn des 16. Jahrhunderts von Michelangelo geschaffen. Eigentlich war die Madonna für den Dom von Siena in der Toskana gedacht, wurde aber von Kaufleuten aus Brügge erworben. Zweimal wurde die Brügger Madonna in ihrer Geschichte entwendet. Während der Französischen Revolution wurde sie nach Paris gebracht und im Zweiten Weltkrieg war sie Teil der NS-Raubkunst und wurde in Österreich gelagert. Letzteres wurde im Hollywood-Streifen *Monuments Man* mit George Clooney, Matt Damon, John Goodman und Bill Murray verfilmt.

↑ Der Campingplatz ermöglicht es, Brügge auch am Abend erleben zu können.
↙ Die Architektur Brügges sollte man auch von innen erleben, so wie hier den Gotischen Saal im Rathaus.

Info

Camping Memling, Veltemweg 109, 8310 Brugge, www.brugescamping.be

SIGHTSEEING

Heilig-Blut-Basilika, Burg 13; Rathaus, Burg 12; Biermuseum, Breidelstraat 3; Burg 11a, 8000 Brugge; Belfried, Markt 7; Historium Bruges, Markt 1; Foltermuseum, Wollestraat 29; Groeningemuseum, Dijver 12, Liebfrauenkirchen mit Brügger Madonna, Mariastraat; Diamantmuseum, Katelijnestraat 43; Beginenhof, Begijnhof 30

EINKEHRMÖGLICHKEITEN

Brasserie Mozarthuys; Huidenvettersplein 1/2, 8000 Brugge, www.mozarthuys.com; Café The old chocolate house, Mariastraat 1c, 8000 Brugge, www.oldchocolatehouse.be

ANREISE

Auf der N9 von Osten kommend in Richtung Ortszentrum. Vor den beiden Tankstellen links abbiegen und sofort nach rechts. Kurze Zeit später kommt der Campingplatz auf der linken Seite.

TOURIST-INFO

www.visitbruges.be

15 Campingurlaub im Herzen Luxemburgs

Wanderlust auf dem Mullerthal-Trail

Fuussekaul ist der Name des zentral gelegenen Campingplatzes im Ösling, dem luxemburgischen Teil der Ardennen. Das Wort stammt aus dem Letzebuergischen, einem moselfränkischen Dialekt, und bedeutet Fuchsbau.

Und wenn ein Fuchsbau Behaglichkeit ausstrahlt, dann ist die Bezeichnung mehr als zutreffend. Denn auf dem Campingplatz Fuussekaul wird man freundlich sowie warmherzig empfangen und hat zudem die Auswahl zwischen einer Übernachtung im Chalet, auf den Parzellen des Campingplatzes oder auf dem modern gestalteten Wohnmobilstellplatz gegenüber auf der anderen Straßenseite. Die schräg angeordneten Stellflächen bestehen aus Schotter und sind mit Rasenflächen voneinander getrennt. Im kleinen Land hat man also viel Platz um das Wohnmobil herum. Und nicht nur das. Luxemburg bietet auch noch enorm viel in der näheren Umgebung. Nordwestlich des Platzes erreicht man mit dem Fahrrad in einer halben Stunde den größten See Luxemburgs. Der Obersauer Stausee entstand Mitte des letzten Jahrhunderts durch die Fertigstellung einer Staumauer am Ort Esch-Sauer (Esch-sur-Sûre) und ist damit der einzige nennenswerte See des Landes. Er dient als Trinkwasserreservoir und ist mittlerweile Teil des Naturparks Obersauer. Der Naturpark hat sich zu einem beliebten Wandergebiet entwickelt und lockt mit zahlreichen Rund- und Themenwegen in die Wälder rund um den Obersauer Stausee. Dabei genießt man immer wieder wunderbare Ausblicke von den Hügeln rund um den See auf das Gewässer. Der Fluss windet sich in seinem Tal unter anderem an der Ortschaft Bourscheid vorbei, wo sich auf einem Bergrücken eine Burgruine befindet. Und bei einem Tagesausflug auf dem Rad erreicht man den Mullerthal-Trail, der als Fernwanderweg durch die sanften Hügel verläuft und einige schöne Felsformationen passiert. Hauptattraktion ist aber dabei der Schießentümpel genannte kleine Wasserfall, der sich unter einer pittoresken Brücke ergießt.

↗ Überall im Tal der Sauer liegen kleine Orte in grüner Landschaft, hier Esch-sur-Sûre.

Info

Camping Fuussekaul, 4 Fuussekaul, 9156 Heischent, www.fuussekaul.lu

SIGHTSEEING
Stausee Esch-sur-Sûre; Burgruine Bourscheid; Nationales Museum für Militärgeschichte, 10 Bamertal, 9209 Diekirch; General Patton Museum, 5 Rue Dr Klein, 9054 Ettelbruck

EINKEHRMÖGLICHKEITEN
Auberge Fuussekaul direkt am Platz; Restaurant Bissen, 1 Route de Bastogne, 9659 Esch-sur-Sûre, www.restaurant-bissen.lu

ACTION/AUSFLÜGE
Schloss Vianden, Monument du Château, 9408 Vianden; Altstadt von Luxemburg-Stadt mit Besuch der Kasematten; US-amerikanischer Soldatenfriedhof, 50 Val du Scheid, 2517 Luxembourg

ANREISE
Auf der E421 bis Ettelbruck und weiter auf der Straße 15 in Richtung Esch.

TOURIST-INFO
www.visitluxembourg.com

Abendstimmung am Hengjanfjell
oberhalb des Preikestolen

Camping in West- und Nordeuropa

Raue Landschaften, scheinbar unberührte Wildnis, lange Sommertage und schier unendliche Weiten finden wir vor allen Dingen im Norden Europas. Hier packen wir auf jeden Fall die Fahrräder ein, um von den Campingplätzen aus die Region zu erkunden und Wanderschuhe, weil es in Nordeuropa so viele Möglichkeiten gibt, Wohnmobil und Wandertouren zu kombinieren.

Auch das berühmte Jedermannsrecht fällt einem meist sofort ein, wenn man an Camping in Nordeuropa denkt. Das hat jedoch mit Wohnmobiltourismus nichts zu tun, sondern richtet sich an nichtmotorisierte Camper, die mit eigener Kraft unterwegs sind und im Zelt nächtigen. Nichtsdestotrotz kann man natürlich die Weite des Nordens auch dafür nutzen, auf vorhandenen Parkplätzen zu übernachten. Doch die Campingplätze Skandinaviens sind mit voller Ausstattung, Sauna und bester Lage nicht zu verachten. Auf den britischen Inseln gibt es zwar kein Jedermannsrecht, doch jedermann fühlt sich auch dort wohl, wenn er durch die schottischen Highlands kurvt, nachdem er die Metropolen ebenfalls mit dem Camper besucht hat.

16 Mit den Royals in London auf Campingtrip

Im Linksverkehr zur Hauptstadt

Mit dem London Eye die Aussicht über die Stadt genießen, im Hyde Park die Squirrels beobachten und die Themse auf der Tower Bridge überqueren – es gibt viel zu tun in London.

Etwas mehr als eineinhalb Stunden fahren wir von der Fähre in Dover bis zum Campingplatz in der nordöstlichen Peripherie Londons. Dabei rollen wir das Wohnmobil durch den Linksverkehr und gewöhnen uns an genau diesen, indem wir auf der Autobahn unterwegs sind. Klingt seltsam, ist aber so. Auf der Autobahn müssen wir uns nicht ständig an Kreuzungen, Ampeln oder im engen Stadtverkehr konzentrieren. Ziemlich entspannt fahren wir auf der ganz linken Spur, lassen die Autos rechts an uns vorbeiziehen und bekommen ein Gefühl dafür, wie wir uns auch im Rest Großbritanniens fortbewegen können. Kaum fühlen wir uns bei dieser ungewohnten Fahrweise etwas sicherer, ist die Tour auch schon zu Ende und wir biegen auf den Lee Valley Campsite ab. Hier läuft es wieder so, wie wir es vom Kontinent kennen. Einchecken, Parzelle belegen und sich ein wenig die gute Infrastruktur anschauen. Etwas eigentümlich ist das Fotografierverbot, wo man doch schon mal am Abend einen Schnappschuss vom Campingplatz an die Verwandtschaft in der Heimat schicken möchte. Aber zum Fotografieren bleiben uns noch jede Menge Möglichkeiten, wenn wir erstmal im Stadtzentrum von London unterwegs sind. Und auch hierfür greifen wir auf eine perfekte Infrastruktur zurück. Das Wohnmobil lassen wir natürlich auf dem Campingplatz, denn mit hohen Parkgebühren bei gleichzeitig wenig Parkplätzen, einer Mautgebühr und einer Umweltzone wäre es beinahe schon verrückt, mit dem Wohnmobil bis zum Buckingham Palace vorzufahren. Warum auch? Direkt vor dem Campingplatz startet ja die Buslinie 215, mit der wir durch die Vororte bis zum Bahnhof Walthamstow Central fahren. Hier steigen wir in die Victoria Line um, die uns bis zur Metrostation Green Park bringt. So lernen wir nicht nur das wichtigste Verkehrsmittel

→ Der Elizabeth Tower beherbergt den Big Ben am Parlament von London.

Londons, The Tube, kennen, sondern steigen nach etwas mehr als einer Stunde Gesamtfahrzeit ab der Campingparzelle an der Grünanlage vor dem Buckingham Palace aus.

Ein Highlight jagt das nächste

Und schon kann der anstrengendste Teil der Campingreise beginnen – die Stadtbesichtigung, die wir uns vernünftigerweise auf mehrere Tage aufteilen. Am Buckingham Palast, vor dem sich das Victoria Memorial erhebt, können wir zunächst mal in westliche Richtung spazieren. Damit lassen wir das eigentliche Stadtzentrum sogar hinter uns, aber haben dennoch zahlreiche Sehenswürdigkeiten vor uns. Kurz darauf erstreckt sich nämlich der weite Hyde Park vor uns, durch den wir am See The Serpentine bis zum Prinzessin-Diana-Denkmal spazieren. Wir passieren das Albert Memorial vor der Royal Albert Hall und erreichen mit dem Kensington Palace einen weiteren royalen Wohnort. Südlich des Hyde Parks kehren wir langsam wieder zurück und legen noch einen Besuch im legendären Kaufhaus Harrods ein. Für diese herrschaftliche Einkaufsmöglichkeit sollten wir uns sehr viel Zeit nehmen. Mal sehen, mit welchen Produkten wir anschließend die Heckgarage im Wohnmobil füllen.

Eine andere Runde führt uns durch das Zentrum von Westminster. Die berühmte Westminster Abbey erhebt sich gleich neben dem britischen Parlamentsgebäude und daneben, nicht zu übersehen, ragt stolz der Elizabeth Tower mit der Glocke namens Big Ben in die Höhe. Über die Westminster Bridge, von der aus man den klassischen Anblick des Turms mit Parlament genießt, gelangen wir zum London Eye und setzen uns entspannt in eine der Kabinen, die sanft nach oben steigt, damit wir einen prächtigen Ausblick auf die Stadt erleben

Tipp

Neben dem Bug der Cutty Sark in Greenwich sehen wir den kuppelförmigen Zugang zum Greenwich-Tunnel. Mit einem Fahrstuhl oder über die Treppen gelangt man nach unten zum eigentlichen Beginn des 370 Meter langen Tunnels, der die beiden Ufer seit dem Jahr 1902 für Fußgänger und Radfahrer miteinander verbindet. Letztere dürfen ihr Fahrrad jedoch nur schiebend unter dem Fluss hindurchbewegen.

Am Speaker's Corner im Hyde Park darf seit 1872 jeder einen Vortrag halten.

↗ Hier wurde schon gekrönt und vermählt – Westminster Abbey.
← Die Tower Bridge kann man theoretisch auch mit dem Womo befahren.

können. Das Viertel Westminster erstreckt sich bis zum Trafalgar Square, aber wir haben auch noch den Piccadilly Circus, die St. Pauls-Kathedrale und natürlich den Tower of London gleich neben der berühmten Tower Bridge auf dem Plan. Filmfans können sich außerdem auf Spurensuche begeben. Wie wäre es zum Beispiel mit einem Ausflug zur Portobello Road im Ortsteil Notting Hill oder mit einem Besuch bei Harry Potter an der Plattform 9 ¾ im Bahnhof King's Cross? Nicht minder spannend ist aber auch der Besuch von Greenwich, wo der Nullmeridian verläuft und das Segelschiff Cutty Sark von 1869 am Ufer der Themse zu einem Museumsbesuch einlädt.

Info

Lee Valley Campsite Sewardstone, London, Sewardstone Rd, Chingford E4 7RA, www.visitleevalley.org.uk

SIGHTSEEING

Buckingham Palace; Hyde Park; Kensington Palace; Harrods; Trafalgar Square; Westminster Abbey; Westminster Parlament; Elizabeth Tower mit Big Ben, Tower of London mit London Bridge; The Shard, St. Paul's Cathedral

EINKEHRMÖGLICHKEITEN

Cutter & Squidge Bäckerei, 20 Brewer St, London W1F 0SJ, cutterandsquidge.com; Restaurant Rules, 34-35 Maiden Ln, London WC2E 7LB, rules.co.uk

ACTION/AUSFLÜGE

London Eye; Greenwich mit National Maritime Museum, Romney Rd, London SE10 9NF; Windsor Castle, Windsor SL4 1NJ

ANREISE

Auf der M20 bis zur Ringautobahn M25, dort nordwärts bis zur Ausfahrt Waltham Abbey, zweite Ausfahrt am Kreisverkehr, nächster Kreisverkehr links und bis zum Campingplatz.

TOURIST-INFO

www.visitlondon.com

17 Camping am weltlängsten Ortsschild

Herrliche Urlaubsinsel in Wales

Über die Menai-Bridge, die ein wenig wirkt wie die Brooklyn Bridge in New York, gelangt man zu einer wunderbaren Insellandschaft mit schroffer Küste, blühender Heidelandschaft und zahlreichen Freizeitmöglichkeiten.

Es wäre natürlich schön gewesen, vom Campingplatz eine Quittung zu erhalten, die weniger wegen des Übernachtungspreises, sondern auf Grund des Ortsnamens in Übergröße ausfällt. Mangels Campingplatzes in Llanfair geschieht das aber nicht und wir weichen auf den nächstgelegenen Campingplatz nach Gaerwan aus. Von dort ist es aber auf dem Fahrrad nur eine kurze Fahrt von einer Viertelstunde bis zum Bahnhof von Llanfair und schon stellt man fest, dass es sich bei Llanfair nur um ein Kürzel handelt. Der vollständige Ortsname lautet Llanfairpwllgwyngyllgogerychwyrndrobwllllantysiliogogogoch, was so viel bedeutet wie Marienkirche (Llanfair) in einer Mulde (pwll) weißer Haseln (gwyn gyll) in der Nähe (ger) des schnellen Wirbels (y chwyrn drobwll) und der Thysiliokirche (llantysilio) bei der roten Höhle (gogo goch). Obwohl der Ort mit seinem weltlängsten Namen touristisch sicher noch viel mehr damit machen könnte, gibt sich Llanfair recht bescheiden. Nur ein Souvenirshop bietet Produkte mit dem Ortsnamen an und lediglich das Bahnhofsschild schreibt das Wort komplett aus. Das sieht dann aber wiederum einmalig aus und ist schon ein Grund, sich den kleinen Bahnhof von Llanfair gleich hinter dem Souvenirladen mal genauer anzusehen.

Autoaufkleber in Überlänge

Doch auch der Rest der Insel Anglesey, auf der wir unseren Camper geparkt haben, hat jede Menge zu bieten. Die Steilküsten im Norden werden von Strandabschnitten unterbrochen und ganz im Osten schließt sich Holy Islands an, wo wir über eine steile Holztreppe die Küste hinab zu einem se-

↗ Eine der vielen beeindruckenden Festungsanlagen von Wales ist zum Beispiel Caernarfon Castle.

henswerten Leuchtturm gelangen. Am Abend kehren wir zum kleinen Campingplatz zurück, der sich zwar auf Dauercamper spezialisiert hat, aber dennoch in ruhiger Lage Platz für Tagestouristen bietet, die auch gerne mal ein paar Tage länger bleiben.

Info

Mornest Caravan Park, Gaerwen, Isle of Anglesey, 6HU, Pentre Berw, Gaerwen LL60 6HU, www.mornestcaravanpark.com

SIGHTSEEING

Menai Bridge; Beaumaris Castle, Castle St, Beaumaris LL58 8AP; Goleudy Ynys Lawd South Stack Leuchtturm; Penrhos Feilw Standing Stones, Trearddur Bay, Holyhead LL65 2LT; Caernarfon Castle, Castle Ditch, Caernarfon LL55 2AY

EINKEHRMÖGLICHKEITEN

Restaurant Freckled Angle, 49 High St, Menai Bridge LL59 5EF, freckledangel.godaddysites.com

ACTION/AUSFLÜGE

Snowdonia Nationalpark: Das Highlight hier ist eine Fahrt mit der Zahnradbahn auf den höchsten Berg von Wales, den Snowdon.

ANREISE

Auf der A5 bis Bangor, dort über die Menai-Meerenge und weiter auf der A55 durch Llanfair bis Gaerwan.

TOURIST-INFO

www.visitwales.com; www.visitanglesey.co.uk

18 Vor den Toren der Großstadt

Auf Campingtour bei Dublin

Die größte Stadt Irlands ist mehr als einen Tagesbesuch wert und lockt mit zahlreichen Sehenswürdigkeiten und natürlich mit einer Einkehr in einem der vielen Pubs in Dublins Stadtviertel Temple Bar.

Eine Dreiviertelstunde fährt man mit der Buslinie 69, die direkt am Campingplatz im Südwesten von Dublin stoppt, um in das Stadtzentrum zu gelangen. Überraschenderweise ist man mit dem Fahrrad nicht länger unterwegs und so bleibt die Überlegung, ob man die Räder aus der Heckgarage holt oder nicht.

Mit dem Bus oder Fahrrad in Dublins City

Das Wohnmobil bleibt ohnehin besser auf dem Campingplatz stehen. Dort hat es Platz auf einer großen Parzelle, die von dichten Hecken umgeben

↗ Die Samuel-Beckett-Bridge trägt die Handschrift von Santiago Calatrava.
← So eine Bibliothek wie in der Dublin University wünscht man sich auch für zu Hause.

ist, und wir Gäste können am Abend nach unserer Rückkehr aus der Stadt die standardmäßigen Sanitäreinrichtungen nutzen. Wer übrigens mit dem Bus in die City fährt, muss auf das Radeln nicht verzichten. Gleich neben dem Campingplatz befindet sich die einzige öffentliche Radstrecke Irlands, die von jedermann frei genutzt werden kann. Die gut asphaltierte Trasse ist eineinhalb Kilometer lang und führt mit mehreren Kurven durch die Grünanlage. Kreuzungsverkehr, Spaziergänger, Hunde und Jogger bleiben hier draußen und wir haben gute Gelegenheit, uns zu bewegen.
Aber das Hauptaugenmerk liegt bei diesem Campingplatz natürlich auf der Besichtigung Dublins. Einmal im Stadtzentrum angekommen, zieht es uns magisch zur Spire of Dublin. Das Wahrzeichen der irischen Hauptstadt ist ein über 120 Meter hoher Turm aus Edelstahl in Form einer Nadel. Die Spitze misst gerade einmal 15 Zentimeter. Von dort sind es nur wenige Schritte bis zum Ufer des Liffey, der auf zahlreichen Brücken überquert werden kann. Die sehenswerteste ist die Samuel-Beckett-Bridge, die vom Stararchitekten Santiago Calatrava in dem für ihn typischen Weiß errichtet wurde und an das irische Symbol einer Harfe erinnert. Statuen von Molly Malone, Oscar Wilde und James Joyce stehen entlang unseres weiteren Wegs zu den Sehenswürdigkeiten der Stadt.

Info

Camac Valley Tourist Caravan and Camping Park, 22 Green Isle Rd, Kingswood, Clondalkin, Co. Dublin, D22 DR60, www.camacvalley.com

SIGHTSEEING

The Spire; Samuel Beckett Bridge; The Book of Kells, The University of Dublin Trinity College; Irish Wiskey Museum, 119 Grafton Street, Dublin, D02 E620; EPIC The Irish Emigration Museum, The CHQ Building, Custom House Quay, North Dock, Dublin 1; National Leprechaun Museum of Ireland, Twilfit House, Jervis St, Dublin

EINKEHRMÖGLICHKEITEN

The Temple Bar Club, 47-48, Temple Bar, Dublin 2, D02 N725, thetemplebarpub.com; Porterhouse Temple Bar, 16-18 Parliament St, Temple Bar, Dublin 2, D02 VR94, porterhousebrewco.ie; Old Mill Restaurant, 14, Temple Bar, Dublin 2, D02 V970, oldmillrestaurant.ie

ANREISE

Bei Ankunft mit der Fähre auf der R111 quer durch die Stadt und weiter auf der R110 und der N7 bis zum Campingplatz.

TOURIST-INFO

www.visitdublin.com

19 Campingtour auf dem Ring of Kerry

Gegen den Uhrzeigersinn über die Halbinsel

Eine der schönsten Rundstraßen Europas verläuft im Südwesten Irlands und trägt den Namen Ring of Kerry, benannt nach dem County, in dem wir die Iveragh-Halbinsel mit wunderbaren Ausblicken auf das Meer erkunden.

Mehrere Campingplätze stehen bereit, um Urlauber aufzunehmen und ihnen die typisch irische Gastfreundschaft zu präsentieren. Für fast alle gilt, dass sie landschaftlich traumhaft an der Küste liegen und abends einen wildromantischen Spaziergang durch die raue Küstenwelt ermöglichen. Die meisten werden das wohl mit einem Besuch in einem der nicht weit gelegenen Pubs kombinieren. Wie schön unkompliziert kann eine Campingreise durch Irland sein. Noch unkomplizierter wird es, wenn man sich zumindest in der Hauptsaison an die für den Ring of Kerry gültige Empfehlung hält und die Ringstraße gegen den Uhrzeigersinn befährt. Denn nur so dürfen Busse und Lastwagen die Straße befahren, was uns wiederum im Verkehr mitschwimmen lässt. So ist es doch viel angenehmer, hinter einem Lkw zu reisen und dabei ein wenig verträumt den Meerblick zu genießen, als ständig mit dem Gegenverkehr auf der zum Teil engen Straße hadern zu müssen. Zugegeben, so ganz verträumt sollte man den Ring of Kerry natürlich nicht angehen, denn die manchmal überwachsenen Steinwälle am Straßenrand können schon mal sehr unschöne Spuren im Wohnmobil hinterlassen.

Zwischen Steinreihen und Steinforts

Mit Steinen befassen wir uns auch, wenn wir das Wohnmobil auf dem Campingplatz abgestellt haben. Verschiedene Forts, die ringförmig komplett aus Steinen errichtet wurden, sind auf der gesamten Halbinsel vorzufinden und bilden neben der rauen Landschaft die Hauptsehenswürdigkeiten entlang des ohnehin schon sehenswerten Ring of Kerry mit seinen tollen Meerblicken. Neben den

↗ Eine typische Begegnung, wenn man mit dem Camper durch Irland reist.

Forts blicken wir gelegentlich auch auf Steinreihen, so zum Beispiel auf die aus vier aufrechtstehenden Steinen von Eightercua. Wenn sie könnte, würde sie Geschichten aus einer Zeit lange vor der Entstehung des Ring of Kerry erzählen: Die Steinreihe ist nämlich mehr als 3500 Jahre alt.

Info

Glenbeg Caravan and Camping Park, Glanbeg, Caherdaniel, www.glenbegcaravanpark.com

SIGHTSEEING

Staigue Fort; Eightercua Stone Row, Ballybrack; Valentia Heritage Museum, School Rd, Farranreagh, Knight's Town; Old Barracks Cahersiveen, Heritage Centre, The Old Barracks, Bridge St, Carhan Lower, Cahersiveen, Co. Kerry, V23 VR62

EINKEHRMÖGLICHKEITEN

O'Carroll's Cove Restaurant & Bar, Ring of Kerry, Brackaharagh, Caherdaniel, www.ocarrollscove.ie; Restaurant Blind Piper, Ballycarnahan, Caherdaniel

ACTION/AUSFLÜGE

Bootstour auf die Insel Skellig Michael ab Portmagee und Wandermöglichkeiten im Killarney Nationalpark am Beginn der Halbinsel

ANREISE

Auf der N22 bis Killarney, dort weiter auf die N72 und später der N70 folgen. Die N70 ist der Ring of Kerry, den man am besten gegen den Uhrzeigersinn befährt.

TOURIST-INFO

www.ireland.com

20 Aufregende Campingreise durch Nordirland

Von Brücken, Küsten und Schiffen

Die Sehenswürdigkeiten in Nordirland sind ganz unterschiedlicher Art. Mal sind sie von Menschenhand gemacht, mal schuf die Natur traumhafte Landschaften und manchmal wurden sie durch Zufall berühmt.

Der Glenmore Campingplatz ist ein guter Ausgangspunkt, um die Schönheiten Nordirlands bequem zu erkunden. Und davon gibt es nicht wenige. Doch da die meisten Camper von der nordirischen Hauptstadt kommend anreisen, lohnt es sich natürlich vorher noch, einen ausgedehnten Blick auf die Stadt Belfast zu werfen. Wer mit dem Schiff anreist, hat gleich eine der wichtigsten Sehenswürdigkeiten der Stadt im Blick. Mitten im Hafenviertel erhebt sich ein markant-futuristisches Bauwerk, das je nach Perspektive an den Bug eines Schiffes erinnert. Das liegt nicht nur an der Lage im Hafen, sondern auch an dem, was innen gezeigt wird. Denn es handelt sich um das Titanic-Museum, das sich mit der Geschichte des legendären Transatlantikliners befasst. Die Ausstellung beginnt für den Besucher gleich unter dem Dach, wo zunächst auf die Werften in Belfast eingegangen wird. Mit jeder Etage, die man hinabsteigt, lernt man mehr über den Bau, die Fahrt und den Untergang des Schiffes. Der Keller der Ausstellung symbolisiert den Meeresboden und lässt einen die gesamte Tragödie gut nachvollziehen. Das Wohnmobil können wir noch vor dem Museum geparkt lassen, denn nur wenige Schritte entfernt gelangt man zum Dock, in dem die Titanic gebaut wurde. Zwischen Dock und Museum befindet sich übrigens eine unscheinbare Halle. Einst wurden in ihr Teile des Schiffs gestrichen, heute sind hier die Titanic Filmstudios untergebracht, die Serien wie *Game of Thrones* produzierten. Auf dem Titanic Trail, der an die ruhmreiche Tradition des Schiffsbaus in Belfast erinnert, gelangt man vom Hafenviertel an verschiedenen Museumsschiffen vorbei bis in das Zentrum von Belfast bis zum Rathaus.

→ Die Basaltsäulen von Giant's Causeway befinden sich an der Nordküste und sind Weltnaturerbe.

Vom Titanic Trail bis an die Küste

Nach dem kurzen Stadtrundgang verlassen wir Belfast und fahren auf den Landstraßen nordwärts. Dabei bleiben wir auf den Spuren der erfolgreichen Serie *Game of Thrones* und steuern bei Ballymoney eine kleine Allee namens Dark Hedges an. War diese gerade einmal 300 Meter lange Allee einst ein Geheimtipp und konnte sogar mit dem Wohnmobil befahren werden, so ist sie heute gesperrt und wird von zahlreichen Touristen besucht. Denn die knorrigen Bäume, die mit ihren Ästen ein sehenswertes Dach über der Straße bilden, war Kulisse für eben diese Serie und erlangte dadurch einen weltweiten Kultstatus.
Nur noch eine Viertelstunde steuert man das Wohnmobil durch den nordirischen Linksverkehr, bevor man es dann auf einer der großzügigen Parzellen des Campingplatzes abstellt. Das nächste Ziel am folgenden Morgen können wir dann im Rahmen einer kleinen Wanderung sogar zu Fuß erreichen. Rund eine Stunde sind wir unterwegs und stehen vor der malerischen Steilküste Nordirlands. Der Küstenabschnitt wird vom National Trust betreut und ist nur gegen eine geringe Gebühr zugänglich. Oder man wird Mitglied, was Touristen in Großbritannien ohnehin zu empfehlen ist. Zur Belohnung gelangt man zur Carrick-a-Rede-Bridge, die man mit etwas Wagemut überqueren kann. Die Hängeseilbrücke ersetzt eine einfache Brücke, die einst Fischern diente, um von einer unbewohnten kleinen Insel aus fischen zu können. Heute ist die Insel zwar immer noch unbewohnt, aber die Brücke wurde zu einer kleinen Touristenattraktion. Auch der nahege-

Tipp

Der National Trust ist eine gemeinnützige Organisation, die sich für die Denkmalpflege und den Naturschutz einsetzt und im ausgehenden 19. Jahrhundert gegründet wurde. Seither verwaltet er über 300 sehenswerte Gebäude, berühmte Wohnstätten, Inseln und Küstenabschnitte. Auch als Tourist kann man Mitglied im National Trust werden und all diese Sehenswürdigkeiten das ganze Jahr über kostenlos betreten.

So viele Naturschönheiten auf so engem Raum findet man in Nordirland.

legene Strandabschnitt weiter westlich ist ein wunderschönes Wanderziel, doch die Hauptsehenswürdigkeit entlang des nördlichen Küstenabschnitts ist zweifellos Giant's Causeway. Vom Campingplatz aus ist man etwas weniger als eine Stunde unterwegs, um das Weltnaturerbe der UNESCO bewundern zu können. Hunderte von Basaltsäulen ragen an der Küste empor und bilden eine eindrucksvolle Landschaft. Sowohl unten, direkt am Meer, wo das Wasser die Säulen umfließt, als auch weiter oben auf der Steilküste hat man ein unvergleichliches Erlebnis dieser geologischen Strukturen. Überwunden wird der Höhenunterschied mit einer steilen und anstrengenden Holztreppe. Das Erlebnis lohnt sich allemal, und erholen kann man sich ja wieder auf dem Campingplatz am Ende des ereignisreichen Tages.

↑ Ein bisschen Wagemut benötigt man für die Carrick-a-Rede-Bridge.
↙ Die Allee Dark Hedges lässt sich zwar leider nicht mehr mit dem Womo befahren, ist aber dennoch eine Schönheit.

Info

Glenmore Caravan and Camping, 94 Whitepark Rd, Ballintoy, Ballycastle BT54 6LR, www.campingintheforest.co.uk

SIGHTSEEING
Titanic Belfast, 1 Olympic Way, Queen's Road, Belfast BT3 9EP; Titanic Memorial Garden, 20 Donegall Square E, Belfast BT1 5GS; Museumsschiff SS Nomadic, Hamilton Dock, Queens Rd, Belfast BT3 9DT, Dark Hedges, Bregagh Rd, Stranocum, Ballymoney BT53 8PX; Carrick-a-Rede-Hängeseilbrücke, Ballycastle BT54 6LS; Giant's Causeway, 44 Causeway Rd, Bushmills BT57 8SU

EINKEHRMÖGLICHKEITEN
Restaurant The Giant's Barn, 7 Causeway Rd, Bushmills BT57 8SU, www.giantscauseway.co.uk; Restaurant The Nook, 48 Causeway Rd, Bushmills BT57 8SU

ACTION/AUSFLÜGE
Stadtbesichtigung von Derry/Londonderry

ANREISE
Ab Belfast über die A57, A26 und A44 nach Ballycastle. Dort auf der Straid Road zum Campingplatz.

TOURIST-INFO
www.discovernorthernireland.com

21 Viel Action rund um Fort William

Camping am höchsten Berg des Königreichs

Entweder zu Fuß auf den höchsten Berg Großbritanniens und damit Schottlands oder auf Spurensuche nach Harry Potter mit Fotoshooting für den Hogwarts-Express – die Region rund um Fort William bietet jede Menge Abwechslung.

Schon bei der Anreise nach Fort William durchqueren wir von Süden kommend das wunderschöne Tal namens Glen Coe. Es beginnt mit dem über 1000 Meter hohen Berg Buachaille Etive Mòr, der wegen seiner markanten Erscheinungsform auch als Pyramide von Glen Coe bezeichnet wird. Gleich am Fuße des Berges befindet sich ein Parkplatz und wir kommen in Versuchung, in die Wanderschuhe zu schlüpfen und das Tal zu Fuß zu erkunden. Ob zu Fuß oder mit dem Wohnmobil – ist man im Tal unterwegs, wird einem schnell klar, warum diese sehenswerte Landschaft für zahlreiche Filme als Kulisse diente, unter anderem für diverse Harry-Potter-Filme. Beim Verlassen des Glen Coe sehen wir zur Rechten noch ein Besucherzentrum. Neben den üblichen Andenken und Kunsthandwerken erhält man hier zahlreiche Informationen über die geologischen und historischen Eigenschaften des Tals, Tipps für Wandermöglichkeiten und kann an einem Modell von Glen Coe die Landschaft in Miniaturform kennenlernen.

Wenig später erreichen wir die mit rund 10 000 Menschen größte Stadt in den westlichen Highlands, Fort William. Entstanden ist sie im 17. Jahrhundert aus einer Festung heraus, die nach König William III. von England benannt wurde. Die Stadt ist von allen Richtungen aus gut erreichbar und Zielort zahlreicher Überlandbusse, außerdem besteht eine direkte Zugverbindung nach London. Selbst Fernwanderer aus Glasgow haben Fort William als Ziel in ihrer Wanderkarte, wenn sie auf dem Westhighland Way unterwegs sind. Dieser wohl bekannteste und älteste schottische Fernwanderweg ist rund 154 Kilometer lang und führt durch fantastische Landschaften wie dem Rannoch

→ Die Highlands zeigen sich nicht immer nur schroff, sondern auch malerisch.

Moor. Mehrere Hotels und Campingplätze unterstreichen logischerweise das Angebot.
Wir entscheiden uns für einen Campingplatz in einem Tal, das von Fort William in östliche Richtung abzweigt. Das Glen Nevis führt uns zum gleichnamigen Campingplatz direkt am Fuße des Ben Nevis. Dort haben wir einen idealen Ausgangspunkt für eine Wandertour auf den höchsten Berg Schottlands.

Bergwanderung direkt ab dem Campingplatz

Der Ben Nevis ist 1344 Meter hoch und beherbergt mit der Nordwand gleichzeitig die steilste Felswand Großbritanniens. Gut zu erkennen ist das vom Gipfel, wenn es vor einem plötzlich abrupt in die Tiefe geht. Tragischerweise ist diese Tatsache nicht zu unterschätzen, denn der Berggipfel ist nur an zehn Tagen im Jahr nicht in Nebel und Wolken gehüllt. Der Blick ist also oben stark eingeschränkt und man sollte sich der Abbruchkante daher nicht zu sehr nähern. Trotz dieser fast ständig vorkommenden Sichtbehinderung ist der Ben Nevis ein beliebtes Ziel bei Bergwanderern. Der Aufstieg ist für geübte Wanderer technisch relativ einfach. Im unteren Bereich folgen wir einem sehr gut ausgebauten Weg, der stellenweise mit Felsblöcken zu einem treppenähnlichen Weg angelegt wurde. Weiter oben geht er dann in einen Schotterweg über. Die Herausforderung am Ben Nevis ist jedoch der Höhenunterschied, denn der Campingplatz und auch das angrenzende Besucherzentrum liegen nur knapp über dem Meeresspiegel. Das bedeutet, dass man rund 1300 Höhenmeter zu erklimmen hat und sich entsprechend auf eine Tageswanderung einstellen sollte. Wer sich auf den Weg macht, den Gipfel zu besteigen, sollte auch an warmen Sommertagen warme Kleidung mit sich führen. Der Höhenunterschied macht sich deutlich bemerkbar und so ist es auf dem Gipfel auch an sonnigen Tagen empfindlich kühl.
Am Tag nach der Gipfelbesteigung machen wir uns auf, ein weiteres Mal auf den Spuren von Harry Potter zu wandeln. Denn am Bahnhof von Fort William startet der Zug The Jacobite und fährt nach Mallaig an die westschottische Küste. Auf der rund 70 Kilometer langen Bahnstrecke passiert er auch das Glennfinnan-Viadukt, das auf 21 Pfeilern ruht und da eine bogenförmige Brücke über den gleichnamigen Fluss bilden. Für die Passagiere hält der Zug auch einmal kurz auf dem Viadukt an, damit diese die Aussicht genießen

Tipp

Am Ortseingang von Fort William wartet das Besucherzentrum einer Whiskybrennerei, die nach dem höchsten Berg benannt wurde. Die Ben-Nevis-Destillerie wurde in der ersten Hälfte des 19. Jahrhunderts gegründet. Heute kann man sich bei einer Tour herumführen lassen und erhält natürlich auch den obligatorischen Voucher, um anschließend vergünstigt Whisky zu erwerben.

Fort William lebt vom Tourismus und wird als Outdoor-Hauptstadt von Großbritannien bezeichnet.

→ Ob in klassischer traditioneller Kleidung oder mit Dudelsack – Schottland muss man einfach mögen.

können. Für Trainspotter außerhalb des Zuges ist das eine willkommene Gelegenheit, die Dampflok schnaufend auf der Brücke abzulichten, die nicht nur Ähnlichkeit mit dem Hogwarts-Express besitzt, sondern ebenfalls als Filmkulisse genutzt wurde.

Info

Glen Nevis Caravan & Camping Park, Glen Nevis, Fort William PH33 6SX, www.glen-nevis.co.uk

SIGHTSEEING

Glenfinnan-Viadukt, A830 Rd, Glenfinnan PH37 4LT; Glenfinnan Monument, Glenfinnan, Lochaber PH37 4LT; West Highland Museum, Cameron Square, Fort William PH33 6AJ, www.westhighlandmuseum.org.uk; Old Inverlochy Castle, Fort William PH33 6TF; Ben-Nevis-Besucherzentrum, Visitor Centre, Glen Nevis, Fort William PH33 6PF; Commando Memorial, Spean Bridge PH34 4EG

EINKEHRMÖGLICHKEITEN

Glen Nevis Restaurant, Glen Nevis, Fort William PH33 6SX, www.glennevisrestaurant.co.uk; Ben Nevis Inn, Achintee Rd, Achintee, Fort William PH33 6TE, www.ben-nevis-inn.co.uk

ACTION/AUSFLÜGE

Wanderung auf den Ben Nevis; Wanderung zu den Wasserfällen am Ende des Glen Nevis

ANREISE

Auf der A82 am Loch Lomond Nationalpark vorbei und durch das Rannoch Moor und Glen Coe bis Fort William. Dort am Kreisverkehr rechts auf die Zufahrtsstraße in das Glen Nevis und am Besucherzentrum vorbei.

TOURIST-INFO

www.bennevis.co.uk; www.visitscotland.com

↑ Das Glenfinnan-Monument dominiert das Ufer vom Loch Shiel.
← Schiffbruch erleidet man in Schottland mit dem Wohnmobil zum Glück nicht.
↓ Den Hogwarts-Express von Harry Potter gibt es wirklich. Er fährt über das Glenfinnan-Viadukt.

22 Inselhopping auf den Orkney-Inseln

Zwischen Weltkrieg und Welterbe

Erlebnisreich wird es auf den Eilanden der Orkney-Inselgruppe. Mit Fähren, Brücken und Dämmen sind sie miteinander verbunden und bieten uns überragende Sehenswürdigkeiten.

Wir haben die Fähre noch gar nicht verlassen, die uns nördlich des schottischen Festlands von Scrabster nach Stromness über das Meer bringt, und blicken von der Reling bereits auf die erste Sehenswürdigkeit der Orkney-Inseln. Und die hat es in sich. Der Old Man of Hoy erinnert an die Lange Anna von Helgoland, ist aber fast drei Mal so hoch. Der Brandungspfeiler an der Steilküste der Orkney-Insel Hoy bringt es auf eine Höhe von 137 Metern und ist seit seiner Erstbesteigung im Jahr 1966 bei Kletterern beliebt. Entstanden ist der Old Man Hoy erst im 18. Jahrhundert durch Erosion und man prophezeit ihm keine allzu lange Lebenserwartung, da er irgendwann zusammenbrechen wird. Die Felsnadel befindet sich in einer faszinierenden Küstenlandschaft, deren Klippen zu den höchsten Großbritanniens zählen.

Unser Schiff passiert die Insel, macht einen Schlenker und schon bei der Einfahrt in den Hafen von Stromness sehen wir, wohin wir das Wohnmobil bringen und unser Nachtlager aufschlagen werden, wenn die Räder unseres Wohnmobils den Boden der Insel Mainland berühren. Denn gleich am Ortsrand befindet sich der Campingplatz, von dem aus wir in den nächsten Tagen die Inselgruppe erkunden können. Die bedeutendsten Kulturdenkmale der Orkney-Inseln befinden sich auf Mainland und wurden 1999 sogar in die Welterbeliste der UNESCO aufgenommen. Beim Heart of Neolithic Orkney handelt es sich um mehrere Fundstücke, die sogar älter sind als das deutlich bekanntere Stonehenge im Süden Englands. Zu ihnen gehören zum Beispiel die Stones of Stenness direkt am Ufer des Loch of Stenness. Die Steine bilden aufrechtstehend einen Kreis, wobei der größte von ihnen bis zu 5,70 Meter in die Höhe ragt.

→ Da schubbert sich das Schaf an einem historischen Stein.

Bedeutende Welterben in herrlicher Kulisse

Die Geschichte der Orkneys ist eng mit Norwegen verbunden, als Wikinger die hier lebenden Pikten vertrieben.

Nur wenige Meter nördlich der Steine befindet sich die neolithische Siedlung Barnhouse, die ursprünglich aus 15 Häusern bestand. Folgen wir der Straße zwischen dem Loch of Stenness und dem Loch of Harray nach Norden, sehen wir schon nach wenigen Augenblicken weitere Steine auf der linken Seite. Sie bilden den Ring von Brodgar. Er ist einige Jahrhunderte jünger als die Steine von Stenness, dennoch vermutlich älter als Stonehenge und vor allen Dingen größer, denn der Durchmesser des Steinrings beträgt etwas über 100 Meter. Zu diesen Steinsetzungen, die als Komplex zum Weltkulturerbe ausgezeichnet wurden, gehören vier weitere einzelnstehende Menhire in der näheren Umgebung. Sie werden als Comet Stone, Bridge Stone, Watch Stone und Barnhouse Stone bezeichnet. Der größte von ihnen ist unübersehbar und erhebt sich mit seinen 5,50 Meter direkt an der Straße. Es wird geschätzt, dass er bis zu zwei Meter tief in der Erde steckt.

Im Nordwesten der Hauptinsel lohnt sich an einem Parkplatz das Warten auf Ebbe, denn wenn das Wasser zurückgegangen ist, taucht ein schmaler Fußweg auf, auf dem man dann trockenen Fußes die nur 300 Meter entfernte Insel Brough of Birsay erreichen kann. Das Eiland ist nicht besonders groß, sodass man in der Zeit der Ebbe auch zum Leuchtturm ganz im Westen gelangen kann. Dennoch sollte man die Gezeiten nicht aus dem Auge lassen, da man bei einsetzender Flut sonst auf der unbewohnten Insel festsitzt.

Am gegenüberliegenden Ende der Hauptinsel, im Südosten von Mainland lohnt sich ein kurzer Halt an der reich verzierten Kapelle. Sie wurde von italienischen Kriegsgefangen gebaut, die für den Bau der Churchill-Barrieren eingesetzt wurden. Das erklärt auch die ungewöhnliche Form der Kapelle. Von vor-

Tipp

Man kann auch auf dem Campingplatz in Westray übernachten, morgens zum Flugplatz wandern, mit der kleinen Propellermaschine nach Papa Westray übersetzen, um nach einem weiteren Fußmarsch zum Hafen wieder mit dem Schiff zum Ausgangspunkt zurückzugelangen. Damit nutzt man den kürzesten Linienflug der Welt, der weniger als zwei Minuten dauert.

↗ Rund rund um die Orkney-Inseln tobt die raue Nordsee.

← Klippen auf den Orkney-Inseln in unzähligen Sandsteinschattierungen.

ne wirkt sie noch wie eine klassische Kapelle und besticht durch einen Dreiecksgiebel, der von dorischen Säulen getragen wird. Geht man aber auch nur ein Stück zur Seite, so erkennt man, dass sich dahinter ein halbrundes Bauwerk erstreckt. Es handelt sich um zwei hintereinander aufgestellte sogenannte Nissenhütten. Diese wurden im Ersten Weltkrieg als schnell aufzubauende Wellblechhütten entwickelt und dienten ursprünglich als Unterkunft. Daher steht man beim Betreten der Kapelle in einem halbrunden Bauwerk, das von innen umfangreich verziert wurde und beinahe wie ein Gewölbe wirkt.

Info

Point of Ness Caravan & Camping Site, Point of Ness, Stromness KW16 3DW, www.orkney.gov.uk

SIGHTSEEING

Stromness Museum, 52 Alfred St, Stromness KW16 3DH, www.stromnessmuseum.org.uk; Skara Brae, Sandwick, Stromness KW16 3LR; Corrigall Farm Museum, Corrigall Farm Museum, Harray KW17 2LQ; Ring of Brodgar, B9055, Stromness KW16 3JZ; Italienische Kapelle, Lamb Holm, Orkney KW17 2SF; Orkney Museum, Broad St, Kirkwall KW15 1DH

EINKEHRMÖGLICHKEITEN

Hamnavoe Restaurant, 35 Graham Pl, Stromness KW16 3BY, www.orkneyfoodanddrink.com; Scapa Flow Restaurant, The Pierhead, Stromness KW16 3AA, stromnesshotel.com

ACTION/AUSFLÜGE

Flug mit der kürzesten Linienflugverbindung der Welt von Westray nach Papa Westray

ANREISE

Auf der A9 ab Edinburgh bis Scrabster. Dort auf die Fähre von Northlink Ferries bis Stromness. Nach Anlegen auf den Orkney-Inseln einfach links abbiegen und zum Ortsrand.

TOURIST-INFO

www.orkney.com; www.visitscotland.com

23 Mit dem Womo an den Strand von Rømø

Skandinavische Erlebnisse kurz hinter der Grenze

Mit dem Wohnmobil auf einen Strand zu fahren, der zudem noch mehrere Kilometer breit ist, ist schon ein ganz besonderes Erlebnis. Der Oasen Camping Rømø unterstreicht den wunderbaren Aufenthalt auch noch.

Schon die Anfahrt auf die Insel Rømø ist etwas Besonderes, denn das langgestreckte Eiland ist durch einen Damm mit dem Festland verbunden. Wer will, kann sogar noch vor dem Verlassen des Festlands einen sehr jungen Wohnmobilstellplatz aufsuchen. Er ist in Größe und Ausstattung topmodern und bietet als besonderes Schmankerl einen stählernen Aussichtsturm. Wendeltreppenförmig steigt man auf dem kostenpflichtigen Turm in die Höhe und genießt den Ausblick nicht nur über die süddänische Küstenlandschaft inklusive Wattenmeer, sondern auch auf das eigene Wohnmobil auf dem dazugehörigen Stellplatz.

Doch wir interessieren uns heute für die Insel Rømø und fahren unseren Camper gemütlich über den Damm, der rechts und links je nach Gezeitenstand vom Wasser oder vom Watt flankiert wird. Nach der Ankunft auf der Insel biegen wir an der ersten Kreuzung links ab, merken uns aber schon mal für später, dass es geradeaus auch noch weitergeht. Am südlichen Ende von Rømø, kurz bevor wir den Hafen mit dem Fährschiff nach Sylt erreichen, halten wir uns rechts und steuern den großen Wohnmobilstellplatz an, der sich sehen lassen kann. Er besteht aus zwei aufeinander folgenden Anlagen und wird privat betrieben. Die erste Anlage erblicken wir auf der rechten Seite, sie ist die kleinere von beiden. Die Parzellen sind kreisförmig um einen Teich angelegt und bieten ausreichend Platz für Wohnmobil mit Campingtisch. Schon dieser Platz beeindruckt, doch um ein Vielfaches größer ist die zweite Anlage, auf der mehr als 100 Wohnmobile Platz finden. Auch hier genießt ein Teil der Camper den direkten Blick auf das Wasser eines zweiten Teichs.

→ Beim Sandskulpturenfestival gibt es ganz besondere Schönheiten zu sehen.

Ein Wohnmobilstellplatz wie ein Traum

Die Zufahrt erfolgt schrankenlos, doch nicht jede augenscheinlich freie Parzelle kann auf Anhieb genutzt werden. Denn der Clou an diesem Stellplatz ist die Reservierung der eigenen geschotterten Parzelle, wenn man den Platz mal verlassen möchte. Dann dreht man einfach an der Parzelle ein kleines Schild von Grün auf Rot und schon weiß jeder, dass hier im Laufe des Tages wieder jemand zurückkommen wird. Fehlerhafte Blockierungen einer Parzelle sind nicht möglich, da man zugleich den Standplatz am Terminal bezahlt und damit bis zum Tag der Abreise für sich in Anspruch nehmen kann. Wer also meint, einfach eine rot belegte Parzelle nutzen zu können, wird spätestens am Automaten eines Besseren belehrt, weil eine Bezahlung dann nicht möglich ist. Das Terminal ist nur eine der modernen Einrichtungen des Stellplatzes. Darüber hinaus gibt es ein Sanitärgebäude, hinter dem sich Anlagen auf so manchem Campingplatz verstecken müssen. Nicht nur modern, sauber und top gepflegt, sondern auch noch sehr groß sind die Räumlichkeiten, in denen man sich in angenehmer Privatsphäre duschen kann. WLAN und ein Aufenthaltsraum sind auf diesem Platz selbstverständlich. Zwei großzügig dimensionierte Ver- und Entsorgungsstationen stehen bereit und das nur an der größeren der beiden Anlage. Der kleinere Bereich

Tipp

Zu dem Wohnmobilstellplatz am Marsk Tower vor der Insel Rømø gehört auch noch eine Minigolfanlage, die keine Standardbahnen bietet. Auf Kunstrasen lässt man den Ball über individuell und optisch sehr ansprechenden Bahnen rollen. Nach dem familiären 18-Loch-Turnier kann man anschließend auf der angrenzenden Terrasse gemütlich dinieren.

Auf diesem Stellplatz und auf der Insel kann man sich einfach nur wohlfühlen.

↑ Für so ein Kunstwerk muss man schon sehr viel Geduld beweisen.
↙ Mit dem Wohnmobil kann man den Strand der Insel befahren und direkt von dort Drachen steigen lassen.

hat eine eigene Entsorgungsstation. Warum also sollten Camper bei so viel Bequemlichkeit und bei so guter Ausstattung den Platz tagsüber verlassen und ihre Parzelle rot markieren? Ganz einfach, der Stellplatz liegt nicht direkt am Strand und genau der ist auf Rømø ein Highlight. Er erstreckt sich über mehrere Kilometer entlang der gesamten Westküste der Insel und kann in weiten, abgesteckten Bereichen auch mit schweren Wohnmobilen sehr gut befahren werden. Die meisten Wohnmobilisten fahren also zur besagten Kreuzung zurück und dort, wie gemerkt, geradeaus auf den festen Sandstrand, um den Tag unter der Markise am Strand verbringen zu können. Andere lassen wiederum Drachen steigen, spazieren durch die Dünenlandschaft oder befahren den kilometerlangen Sandstrand mit Kites, die man sich auch vor Ort mieten kann. Wiederum andere lassen das Wohnmobil auf dem Stellplatz stehen und halten sich von der Küste fern, besonders in den Spätsommermonaten, um durch die farbenfrohe Heidelandschaft zu wandern, die die Insel auch noch zu bieten hat.

Info

Oasen Rømø Womo-Stellplatz, Rømersvej 29, 6792 Rømø, www.oasen-roemoe.dk; **Marsk Camp** am Marsk Tower, Kildetoften 49, 6780 Skærbæk, www.marskcamp.dk

SIGHTSEEING
Strand von Rømø; Nationalmuseets Kommandørgård, Juvrevej 60, 6792 Rømø, www.natmus.dk; Høstbjerg und Spidsbjerg mit rund 18 Metern Höhe die höchsten Punkte/Dünen der Insel; Marsk Tower; Walknochenzaun, Juvrevej 82, 6792 Rømø

EINKEHRMÖGLICHKEITEN
Marsk Camp, Hjemstedvej 60, 6780 Skærbæk, www.marskcamp.com; Restaurant Frankel 5, Sønder Frankel 5, 6792 Rømø

ACTION/AUSFLÜGE
Ausflug mit der Fähre nach List auf Sylt; Kiteverleih am Sønderstrand im Süden der Insel, fußläufig vom Stellplatz erreichbar

ANREISE
Auf der Straße 11 bis Skærbæk, dort links auf die Straße 175 bis zum Damm. Nach Überquerung des Damms an der Kreuzung links der 175 folgen.

TOURIST-INFO
www.romotonder.dk; visitdenmark.de

24 Skagen – Dänemarks nördlichster Punkt

Wo die Ostsee auf die Nordsee trifft

Die gesamte dänische Nordspitze ist einen längeren Campingaufenthalt wert. Zwischen Nordsee und Ostsee kommt in keiner Jahreszeit Langeweile auf. Aber winddicht sollten wir uns einpacken.

Der Campingplatz bei Skagen liegt genau mittendrin – mitten zwischen dem Wasser der Nordsee und der Ostsee. Beide Meere sind auf der nördlichen Halbinsel keine zwei Kilometer Fußweg entfernt und so hat man hier die Entscheidung zu treffen, an welchen Strand man sich legen möchte.

Unser Wohnmobil steht derweil auf einer der großen Parzellen des Campingplatzes und ist glücklicherweise durch zahlreiche Bäume etwas windgeschützt. Denn windig ist es auf der Halbinsel an vielen Tagen im Jahr. Kein Wunder, ragt Skagen doch wie ein Finger mitten in das Meer hinein und hat sonst keinen natürlichen Schutz vor den Unbilden der Natur. So lag die schmale Landspitze noch vor gut dreihundert Jahren über zweieinhalb Kilometer weiter nordwestlich. Die Natur zeigt hier über die Zeit also ihre ganze Kraft.

Das merken wir auch deutlich, wenn wir vom Campingplatz aus zu Fuß durch die Dünenlandschaft in Richtung Ostsee spazieren. An Flagbakken vorbei, einem Aussichtspunkt, der uns freien Blick auf beide Meere ermöglicht, gelangen wir auf dem sandig-weichen Boden bis zur Versandeten Kirche. Das Gotteshaus entstand gegen Ende des 13. Jahrhunderts und lag damals inmitten von Wiesen und Feldern. Doch im Laufe der Jahrhunderte wurde sie vom Sand der Wanderdünen erreicht und man gab die Kirche Ende des 18. Jahrhunderts auf. Das Kirchenschiff wurde abgerissen und den Turm widmete man zu einem weithin sichtbaren Seezeichen um. Mittlerweile hat der Sand den Turm komplett umschlossen und es wird vermutet, dass unter dem vielen Sand noch Grabplatten und der einstige Boden des Kirchenschiffs begraben liegen.

→ Die Wanderdüne Råbjerg Mile befindet sich gleichzeitig in der Nähe von Nord- und Ostsee.

Stete Kräfte der Natur sind hier am Werk

Bezaubernde Landschaft, in der man zwei Meere zugleich sieht.

Wem das als Düne noch nicht ausreicht, der sollte sich aufs Fahrrad setzen und wenige Kilometer durch die malerische Landschaft nach Süden radeln. So gelangt man nämlich zu Råbjerg Mile, einer beeindruckenden Wanderdüne. Auch sie befindet sich zentral zwischen Nord- und Ostsee. Wer sie besteigt, wird auch an harmlosen Sommertagen merken, dass die Düne stets in Bewegung ist. Noch beeindruckender wird es im Herbst, wenn der Wind von der Nordsee deutlich stärker bläst und man sich besser mit winddichter Kleidung den Sandberg hinauf wagt. Auch hier gilt, dass man Nord- und Ostsee am Horizont gleichzeitig sehen kann. Aber viel spannender ist es noch, sich hinzusetzen und zu beobachten, wie der feine Sand ganz langsam mit dem Wind wandert, an den Füßen aufgehalten wird und kleine Sandhügelchen bildet.

Denn die Nord- und Ostsee gleichzeitig beobachten, kann man noch viel besser dort, wo sie direkt aufeinandertreffen. An der nördlichsten Spitze der Halbinsel, vom Campingplatz aus gesehen, auf der anderen Seite der Ortschaft Skagen, erstreckt sich die Landspitze Grenen. Sie kann ab dem Parkplatz sehr gut und einfach zu Fuß erreicht werden. Einfach nur dem Ostseestrand nach Norden folgen und schon gelangt man zu dem Ort, an dem das Wasser der Nordsee von links auf die Ostsee brandet. Und in der Tat sieht man den Unterschied zwischen den beiden Meeren, die hier gegenseitig ihre Wellen schlagen. Aufgrund der starken Strömungsverhältnisse ist das Baden verboten und keine gute Idee. Wer weniger gut zu Fuß ist, kann sich mit Sandormen zur Sandspitze Grenen bringen lassen. Der Traktor zieht einen im Anhänger durch die Dünenlandschaft und erreicht nach eineinhalb Kilometern die Zusammenkunft zwischen Nord- und Ostsee. Übrigens: Zum Zeitpunkt, als die Versandete Kirche aufgegeben und abgerissen wurde, lag die Sandspitze Grenen rund zwei Kilometer weiter westlich. Die Natur gibt hier alles, um im Laufe der Jahrhunderte das Landschaftsbild neu zu formen. Vor rund sechs

Tipp

Will man noch mehr Sand, Wind und Wanderdünen erleben, sollte man einen Ausflug an die Nordseeküste zwischen Hirtshals und Løkken machen. Dort erhebt sich in einer weiteren Wanderdüne der Leuchtturm Rubjerg Knude, der sogar schon um 70 Meter landeinwärts versetzt wurde, weil er sonst mittlerweile ins Meer gestürzt wäre.

↗ Der nördlichste Leuchtturm Dänemarks befindet sich ganz in der Nähe des Platzes in Grenen.
← Auch dänische Campingplätze sind so richtig hyggelig, also gemütlich.

Jahrtausenden lag Grenen sogar knapp 20 Kilometer weiter westlich, wo sich heute das offene Meer der Nordsee befindet.
Nahe dem Parkplatz erhebt sich außerdem der Graue Leuchtturm, der nicht nur Seeleuten den Weg weist, sondern auch von uns Landratten bestiegen werden kann. So stehen wir also in Schwindel erregender Höhe am Strand der Ostsee und blicken auf die raue Gischt der nur drei Kilometer entfernten Nordsee. Nach so vielen Erlebnissen auf der Halbinsel genießen wir den Abend auf dem Campingplatz und schwingen den Schläger auf der angrenzenden Minigolfanlage. Doch zuvor vergessen wir nicht, den Sand aus den Schuhen zu klopfen.

Info

Skagen Camping, Flagbakkevej 55, 9990 Skagen, www.skagencamping.dk; **Grenen Camping**, Fyrvej 16, 9990 Skagen, www.grenens-trand.dk

SIGHTSEEING

Versandete Kirche; Grauer Leuchtturm Det Grå Fyr, Fyrvej 36, 9990 Skagen; Skagen Bunkermuseum, Fyrvej 59, 9990 Skagen, www.skagen-bunkermuseum.dk; Grenen-Landspitze; Naturhistorisches Museum, Flagbakkevej 30, 9990 Skagen, www.naturmuseum-skagen.dk; Wanderdüne Råbjerg Mile, Råbjerg Mile Vej, 9990 Skagen

EINKEHRMÖGLICHKEITEN

Restaurant De 2 Have, Fyrvej 42, 9990 Skagen, www.restaurantde-2have.dk; Skagen Bryghus, Kirkevej 10, 9990 Skagen, www.skagen-bryhgus.dk

ACTION/AUSFLÜGE

Rubjerg Knude Fyr, Fyrvejen 110, 9480 Løkken

ANREISE

Auf der Straße 40 stets nach Norden und kurz vor Skagen rechts auf den Campingplatz.

TOURIST-INFO

www.visitdenmark.de

25 Am Polarkreis in Rovaniemi

Zu Besuch beim Weihnachtsmann

Egal, wann wir uns aufmachen, den Norden Finnlands zu bereisen – Ostern fällt dann aus, denn es herrscht Adventszeit von Januar bis Dezember. Nicht vergessen, der Familie eine Weihnachtspostkarte in die Heimat zu schicken.

Finnland ist bekanntlich wasserreich. Tausende von Seen prägen das relativ flache Landschaftsbild und sind von noch mehr Wäldern umgeben. Beim Naturfreund in uns freut sich das Herz. Doch es gibt nicht nur Seen, sondern auch Fließgewässer. Der mit 550 Kilometern Länge größte Fluss des Landes ist der Kemijoki, an dessen Ufer wir auf dem Campingplatz Ounaskoski unser Nachtlager aufschlagen. Gleich gegenüber, am anderen Flussufer, erstreckt sich die Stadt Rovaniemi. Sie ist Hauptstadt des finnischen Lapplands und gleichzeitig auch die größte Stadt weit und breit. Über eine Brücke überqueren wir den Fluss und stehen unmittelbar in der modern gehaltenen Stadt. Auf den Komfort des 21. Jh. brauchen wir genauso wenig zu verzichten wie auf klassische Einkaufsmöglichkeiten, um die Vorräte im Wohnmobil aufzustocken. Die Stadt bietet allerlei Annehmlichkeiten, unter anderem das Arktikum, das sich, wie der Name schon ahnen lässt, mit der Polarregion befasst.

Doch Rovaniemi ist als reine Stadt nicht unser primäres Ziel für Besichtigungen und auch nicht der Grund, warum man unbedingt auf diesem Campingplatz nächtigen sollte. Das Highlight liegt etwas außerhalb der Ortschaft und zwar an der Straße 4, die auch als E75 viel weiter nach Norden verläuft und auf norwegischer Seite auf die berühmte E6 auf ihrem Weg nach Kirkenes trifft. Umgeben von weiteren Wäldern blickt man hier nämlich auf eine Markierung auf dem Boden. Sie zeigt in mehreren Sprachen den Polarkreis an. Symbolisch natürlich nur, denn der Polarkreis bewegt sich aktuell jedes Jahr um mehrere Meter nach Norden, was sich durch die Schiefe der Ekliptik erklärt. Eines fernen Tages wird der Polarkreis aber auch wieder nach Süden wandern und auf die hiesige Markierung treffen.

→ Es gibt ihn wirklich – das ist der Beweis!

Der Weihnachtsmann weiß alles

Dafür können wir aber auf jemand ganz anderen treffen. Denn es erhebt sich am finnischen Abschnitt des Polarkreises, natürlich rein zufällig, das Haus des Weihnachtsmannes. Und dieser lädt sogar zu einem Besuch ein und nimmt sich für jeden Campingurlauber und natürlich auch für andere Touristen ausreichend Zeit. Daher wird man zunächst von den Weihnachtselfen in Empfang genommen und muss kurz in einer Art Wartezimmer Platz nehmen. Ja, der Weihnachtsmann hat immer viel zu tun. Doch irgendwann öffnet sich die Tür zum Büro von Santa Claus, weihnachtliche Musik ertönt leise aus dem Zimmer, alles ist in rot-grünen Tönen gehalten und dann sitzt da der stattliche Herr mit langem weißem Rauschebart und im roten Kostüm. Wer sich jetzt noch nicht an seine Kindheit erinnert fühlt und an den Weihnachtsmann glaubt, der sollte mal abwarten, bis er einen zu sich bittet und ausfragt. Zum Abschluss des Besuchs darf man sich in der Postfiliale des Weihnachtsmanns umschauen. Hinter Glas blickt man auf die zahlreichen Briefe, die Kinder aus aller Welt an ihn schicken. Das Schöne daran: Sie werden alle beantwortet und nicht nur das. Auch selbst kann man Weihnachtspost absenden, egal, zu welcher Jahreszeit man seinen Campingurlaub gerade verbringt. Die Weihnachtsgrüße für die Lieben daheim werden gesammelt und im Dezember schließlich auf den Weg gebracht.
Apropos Jahreszeit. Ein besonderes Erlebnis ist so weit oben im Norden natürlich auch der Himmel. Immerhin campen wir hier am Beginn der polaren Zone. Das bedeutet, dass wir an einigen Tagen im Sommer die Sonne nicht untergehen sehen können. Sie bleibt auch in der Nacht knapp über dem Horizont und sorgt für lange Abende. Zum Schlafen hilft

Tipp

Die Wildnis im finnischen Lappland erschließt sich in manchen Fällen am besten bei einer geführten Tour. Paddeltouren, Fahrten mit dem Husky-Schlitten, Ausflüge zu Fotoshootings für die Polarlichter oder sogar ein ganz privates dreiviertelstündiges Treffen mit dem Weihnachtsmann inklusive persönlichem Geschenk lassen sich organisieren. Mehr Infos auf www.laplandwelcome.fi.

Lappland ist das ganze Jahr hindurch ein faszinierendes Naturschauspiel.

↗ Zwar ziemlich kalt, aber dennoch sehr einladend – das Iglu-Restaurant in Rovaniemi.
← Für eine Campertour im Winter braucht es ein wenig mehr Vorbereitung.

es da nur, das Wohnmobil komplett abzudunkeln. Je weiter wir im Laufe der Campingtour nach Norden reisen, umso länger ist die Zeitspanne, in der die Sonne nicht untergeht. Wer etwas abgehärteter ist und auch im Winter mit dem Camper durch die Länder zieht, erlebt zwar genau das Gegenteil, nämlich lange Tage mit einer nur sehr kurzen Sonnenscheindauer, wenn überhaupt. Doch dafür entpuppt sich der Nachthimmel als Leinwand für ein furioses Farbspektakel, wenn die Polarlichter am Horizont tanzen. Dafür müssen wir uns aber einen anderen Campingplatz oder die freie Natur suchen, da der Campingplatz in Rovaniemi nur eine kurze Sommersaison von Mai bis September bietet.

Info

Ounaskoski Camping Rovaniemi, Jäämerentie 1, 96200 Rovaniemi, www.ounaskoski-camping-rovaniemi.com

SIGHTSEEING

Weihnachtsmanndorf Joulupukin Pajakylä, 96930 Rovaniemi, www.santaclausvillage.info; Streichelzoo und Elfengarten Tallitontun Piha, Joulumaantie, 96930 Rovaniemi, www.elfsfarmyard.com; Santa Claus Office, Joulumaantie 1, 96930 Rovaniemi, www.santaclausoffice.com; Wissenschaftszentrum Arktikum, Pohjoisranta 4, 96200 Rovaniemi, www.arktikum.fi

EINKEHRMÖGLICHKEITEN

Joulupukin Ravintola, Santas Restaurant, 96930 Rovaniemi, www.christmashouse.fi; Arctic Restaurant, Valtakatu 18, 96200 Rovaniemi

ANREISE

Ab Helsinki stets auf der E75 bleiben und innerhalb Rovaniemis auf die E78 wechseln, um den Fluss zu überqueren. Gleich dahinter rechts auf den Campingplatz.

TOURIST-INFO

www.visitrovaniemi.fi, www.visitfinland.com

26 Schweden oder Finnland? Åland!

Natur pur mitten in der Ostsee

So viele Felsen, kleine und größere Inselchen. Schon bei der Anreise gerät man ins Schwärmen, während man doch bloß an der Reling des Schiffes steht und fasziniert auf die Insellandschaft blickt.

Man vertraut einfach darauf, dass der Kapitän oder die Kapitänin die Strecke sehr gut kennt und genau weiß, wie er bzw. sie die Fähre durch die beeindruckende Schärenlandschaft zu steuern hat. Bei der Ankunft in Mariehamn, der größten Ortschaft auf den Åland-Inseln, befassen wir uns zunächst mit der Hauptstadt. Die Sehenswürdigkeiten sind überschaubar und beschränken sich auf das Museumsschiff Pommern sowie auf die St.-Görans-Kirche an der breiten Allee Esplanaden. Überwiegend wird Schwedisch gesprochen, bezahlt wird aber mit dem Euro, denn wir bewegen uns in der autonomen Provinz Finnlands.

Manche Inseln sind mit Anruffähren verbunden

Historisch bedingt handelt es sich bei den Åland-Inseln um ein seltsam konstruiertes politisches Konstrukt. Doch wir sind ohnehin hier, um die Naturschönheiten zu erleben. Davon gibt es jede Menge, auch wenn die Åland-Inseln ganz ohne die eine, spezielle Attraktion auskommen. Ist vielleicht auch besser so, denn so bleibt der sogenannte Overtourism aus, was sich auch erfreulich auf die Campingplätze auswirkt. Die gibt es in ausreichender Zahl, in schöner Lage und meist noch mit einem freien Plätzchen.
Wir könnten den Campingplatz direkt in Mariehamn ansteuern. Das bietet sich an, um sich am Abend oder bevor man wieder auf die Fähre rollt und in Richtung Festland fährt, ein wenig in der kleinen Hauptstadt umzuschauen. Ein schöner Campingplatz befindet sich beispielsweise kurz vor der Insel Prästö mit wunderschönem Blick aufs Meer. Auf dem Weg dorthin passiert man noch den Aussichtspunkt Uffe på berget. Hier fahren wir das

Wohnmobil, für die Åland-Inseln sehr ungewöhnlich, durch einen Tunnel, während oben auf dem felsigen Hügel ein Café und ein Aussichtsturm zu einem Zwischenstopp verlocken.

↗ In Mariehamn nimmt man sich Zeit für ein leckeres Stück Kuchen.
← Die Schärenküste mitten in der Ostsee ist einfach nur ein Traum.

Info

Puttes Camping, Sund 22530, Åland-Inseln, www.puttescamping.ax

SIGHTSEEING
Segel- und Museumsschiff Pommern, Sjöpromenaden, 2 Hamngatan, Mariehamn 22100, www.pommern.ax; S:t Görans kyrka, 6 Östra Esplanadgatan, Mariehamn 22100; **Ålandmuseum**, 1 Storagatan, Mariehamn 22100, www.kulturhistorika.ax; Schifffahrtsmuseum Sjökvarteret, 110 Österleden, Mariehamn 22100, www.sjokvarteret.ax

EINKEHRMÖGLICHKEITEN
Restaurant Furulundsgården, 1 Bryggvägen, Sund 22530, furulandsgarden.ax; Café Uffe på berget, 160 Sundsvägen, Godby 22410

ANREISE
Ab Kappelskär in Schweden mit der Fähre nach Mariehamn, alternativ ab Grisslehamn bis Eckerö. Ab Mariehamn dann auf der Straße 2 bis kurz vor Prästö. Vor der Brücke links.

TOURIST-INFO
www.visitaland.com

27 Auf zum Nordkap auf Magerøya

Am nördlichsten Punkt Europas

Abends nach dem Sonnenuntergang schlafen gehen – schwierig, wenn die Sonne tagelang über dem Horizont bleibt und weiße Nächte beschert.

Das Nordkap gehört zu den Traumzielen vieler Wohnmobilisten. Gleichzeitig ist es aber auch umstritten. Die einen halten das Nordkap lediglich für einen Felsen bzw. eine Steilküste, wie man sie woanders auch erlebt. Andere wiederum fahren hin, um mal da gewesen zu sein und reisen wenig begeistert wieder zurück. Aber nicht wenige Reisende sind Wiederholungstäter. Denn das Nordkap mag zwar nur ein Felsen sein, aber wer es auf sich wirken lässt, der hat meist mehr als nur Gefallen daran gefunden, sondern ist sogar begeistert. Denn zum Besuch des Nordkaps gehört auch die tagelange Anreise, die einem Roadtrip gleicht. Wer ganz Norwegen durchquert und zahlreiche Sehenswürdigkeiten besucht hat, durch fantastische Nationalparks wanderte und majestätische Fjorde oder gar die Lofoten genießen durfte, der wird das Nordkap beinahe schon als Pilgerziel am Ende einer langen Reise empfinden. Sich Zeit lassen gilt nicht nur bei der Anfahrt zum nördlichsten Punkt Europas, sondern auch vor Ort. Wir sollten nicht nur mal eben zum weltberühmten Globus gehen, der den Felsen krönt, und nach einem schnellen pflichtbewussten Selfie wieder gen Süden fahren. Das wäre zu schade. Wir können zum Beispiel in der Nordkapphalle mit ihrer breiten Panoramascheibe nicht nur auf das Polarmeer blicken, sondern auch Mitglied im Royal North Cape Club werden. Dafür bekommen wir ein Zertifikat, eine Anstecknadel und das lebenslange Anrecht, immer wieder zum Nordkap zu dürfen, ohne die Gebühr bezahlen zu müssen. Doch in der Nordkaphalle gibt es noch mehr. Neben einem umfangreichen Souvenirladen können wir in einem Café Platz nehmen und es uns einfach gut gehen lassen. Wir können auch ins Kino gehen und den viertelstündigen,

→ Einmal mit dem Wohnmobil zu den Polarlichtern – ein faszinierendes Erlebnis

↑ Auch in Honningsvag am nördlichsten Ende Europas wohnen Menschen.
↘ Der berühmte Globus ist das Sehnsuchtsziel vieler Wohnmobilisten.

Ganz ohne Schlaf erlebt man in der Nacht einen Traum an Naturereignis.

traumhaft schönen Film über das Nordland genießen. Oder wir besichtigen die kleine Kapelle und bedanken uns für die sichere Reise. Für jeden ist etwas dabei, und wir könnten sogar auf dem Parkplatz des Nordkaps übernachten. Das ist erlaubt, aber es fehlen die klassischen Annehmlichkeiten wie Strom, Frischwasserversorgung oder eine Möglichkeit, Grauwasser zu entleeren. Dafür existieren auf der Insel Magerøya Campingplätze wie der Nordkap Caravan & Camping oder Kirkeporten Camping.

Wo ist der nördlichste Punkt Europas wirklich?

Auch wenn die Campingplätze solche Namen tragen, sollte man vorab wissen, dass sie sich nicht unmittelbar am Nordkap befinden. Sie liegen allesamt einige Kilometer vorher an der einzigen Straße, die über die Insel verläuft. Aber was macht das schon, so weit oben im Norden. Da kommt es auf die paar Kilometer nicht mehr an. Landschaftlich bleibt es auch auf den Campingplätzen schön. Und ganz realistisch betrachtet ist das Nordkap ohnehin nicht einfach der nördlichste Punkt Europas. Ein wichtiges und auch richtiges Argument für all diejenigen, die sich dem Zauber des Nordkaps entziehen. Denn zu unserem Kontinent gehört ja auch noch Spitzbergen, unbestritten viel weiter nördlich. Doch selbst ohne Spitzbergen gibt es einen weiteren Ort, der nördlicher liegt als der Globus am Nordkap. Er ist von der Nordkapphalle aus sogar gut zu sehen. Im Westen erstreckt sich eine Landzunge wenige Hundert Meter weiter nach Norden. Ihr Name ist Knivskjellodden und sie ist nur bei einer Wanderung erreichbar. Knivskjellodden ist damit der nördlichste Punkt Europas, der zu Fuß erreicht werden kann.

Tipp

Die Wanderung zum Knivskjellodden beginnt wenige Kilometer vor dem eigentlichen Nordkap. Auf der linken Seite der Straße befindet sich ein Parkplatz, von dem aus man durch die raue und karge Landschaft der Insel Magerøya rund neun Kilometer bis zum Knivskjellodden gelangt. Dort kann man sich in ein Gästebuch eintragen und einen tollen Blick hinüber zum Nordkap genießen.

Viel weiter östlich gibt es zudem noch das Kap Kinnarodden. Auch dieses Kap kann nur zu Fuß erreicht werden. Es ist der nördlichste Punkt auf dem europäischen Festland, denn Knivskjellodden und das berühmte Nordkap liegen bekanntlich auf einer Insel, die durch einen Tunnel mit dem Festland verbunden ist. Doch welcher Titel bleibt dann noch für das eigentliche Nordkap übrig? Es ist der nördlichste Punkt Europas, der mit einem Wohnmobil erreicht werden kann. Aber so oder so, eine Campingreise in diesen fernen Norden ist immer ein traumhaftes Erlebnis, und zwar rund um die Uhr. Denn gerade in der Nacht genießt man natürlich den wunderbaren Augenblick der Mitternachtssonne.

Info

Nordkapp Caravan & Camping, Fv171, 9763 Skarsvåg, www.nordkappcaravancamp.no; **Midnattsol Camping**, 9763 Skarsvåg; **Kirkeporten Camping**, Storvannsveien 2, 9763 Skarsvåg, www.kirkeporten.no

SIGHTSEEING

Kleine Wanderung zum Kirkeporten; Ausstellung in der Nordkapphalle; Skulpturen rund um die Nordkapphalle

EINKEHRMÖGLICHKEIT

Café in der Nordkapphalle; Nordkap Jul & Vinterhus Heidi Marie Ingebrigtsen, Børnesveien 1, 9763 Skarsvåg, www.julehuset.no

ACTION/AUSFLÜGE

Wanderung zum Knivskjellodden; Besuch der Stadt Honningsvåg; Nordkappmuseum, Holmen 1, 9750 Honningsvåg, www.kystmuseene.no

ANREISE

Auf der E6 ab Malmö bis Olderfjord, dort auf die E69 wechseln und bis zum Ende fahren.

TOURIST-INFO

www.nordkap.no, www.visitnordkap.net

28 Zu den Wanderklassikern bei Stavanger

Adrenalin rund um den Lysefjord

Einmal auf dem Kjeragbolten stehen und über 1000 Meter in die Tiefe blicken oder an der Kante des Preikestolen sitzen und die Beine 600 Meter über dem Fjord baumeln lassen.

Im Süden Norwegens lockt die Stadt Stavanger zu einem Besuch. Doch trotz interessanten Schifffahrts- und einmaligen Ölmuseums kann die Stadt nicht an die Gemütlichkeit von Bergen oder Ålesund heranreichen. Daher steuern wir nach unserer Stadtbesichtigung das Wohnmobil raus in die norwegische Natur und fahren durch den 14 Kilometer langen Unterwasser-Straßentunnel, den derzeit längsten der Welt, bis Tau. Von dort ist es nur noch ein Katzensprung durch Jørpeland bis zum Preikestolen Campingplatz. Norwegische Einsamkeit oder gar Wildnis dürfen wir auf diesem Platz nicht erwarten. Er ist einer der beliebtesten und bestbesuchten Campingplätze des gesamten Landes. Das liegt aber weniger an seiner Ausstattung, die dem klassischen Standard entspricht, sondern vielmehr an seiner Lage kurz vor einem der Wahrzeichen Südnorwegens. Der Campingplatz ist bereits danach benannt – Preikestolen. Dabei handelt es sich um die atemberaubende Felskanzel, die man in beinahe jeder Broschüre des norwegischen Tourismusbüros zu sehen bekommt.

Vom Besucherzentrum am Preikestolen wandern wir über einen breiten und gut angelegten Wanderweg vom ersten Moment an in die Höhe. Im weiteren Verlauf muss man hin und wieder alle Viere zu Hilfe nehmen, um den einen oder anderen Felsen zu überwinden, aber eine wirkliche Kletterei ist es nicht, eher ein kleines Abenteuer. Das viel größere Abenteuer wartet schließlich oben am Ziel. Dann steht man auf Preikestolen. Das flache Plateau besitzt einen beinahe quadratischen Grundriss und fällt an drei Seiten steil bergab, und zwar exakt 604 Meter. Ein Geländer gibt es nicht und daher ist natürlich Vorsicht geboten. Idealerweise startet man die Wanderung in der Nacht, wenn andere Camper

→ Über 600 Meter geht es am Preikestolen in die Tiefe zum Lysefjord.

sich im Wohnmobil noch einmal gemütlich umdrehen. Aufgrund der langen Helligkeit im Norden Europas ist ein sehr früher Start in den Tag ohnehin kein Problem.

Früher Vogel fängt den Wurm

Gleiches gilt auch, wenn man am Lysefjord ein weiteres, sogar noch spektakuläreres Fotomotiv erreichen möchte. Dieses befindet sich auf der Südseite des Fjords und erfordert eine lange Fahrt vom Campingplatz Preikestolen mit Zwischenübernachtung bei Lysebotn. Oberhalb des kleinen Ortes, der sich am Ende des Fjords befindet, startet unsere zweite Wanderung über das dortige Kjerag-Massiv. Auch hier kann man die Beine über dem Fjord baumeln lassen, wenn man während der Wandertour eine kleine Rast einlegt und die wunderbare Aussicht über Südnorwegen genießt. Doch das eigentliche Ziel ist Kjeragbolten, ein tropfenförmiger Felsbrocken, der zwischen zwei steilen Felswänden festklemmt und über dem südlichen Ufer des Lysefjords zu schweben scheint. Gegen den Kjeragbolten kann der Preikestolen kaum mithalten, denn hier geht es nun sogar über 1100 Meter in die Tiefe.

Ganz Wagemutige, die eine Portion Nervenkitzel wünschen, wagen sogar den Schritt auf den Kjeragbolten, der eine Grundfläche kaum größer als ein Campingtisch hat. Wem das alles übrigens noch nicht reicht, der sollte nach einer weiteren Zwischenübernachtung auf dem Preikestolen Campingplatz weiter nach Norden fahren. Bei Odda, zwischen dem Folgefonna Nationalpark und dem Hardangervidda Nationalpark, bleibt noch eine dritte Wanderung im Bunde, die nicht minder aufregend ist. Sie führt abermals zu einem Felsmassiv, das dieses Mal den Namen »Trolltunga« trägt. Übersetzt heißt das Trollzunge und eben wie eine Zunge ragt dieser Felsen in die Höhe. Nach der ausgiebigen

Tipp

Man kann den Lysefjord mit seinen Naturschönheiten auch wesentlich entspannter und aus weniger schwindelerregender Sicht genießen. Zum Beispiel bei einer zweieinhalbstündigen Schifffahrt ab Stavanger. Von der Reling erblickt man den Preikestolen von unten, bevor es dann wieder zurück in den Hafen von Stavanger geht.

Allein für diese drei Wanderziele sollte man eine Woche Camping planen.

↗ Dieser Holzbohlenweg führt zum Preikestolen.
← Wer nicht wandert, kann sich die malerischen Ortschaften wie Stavanger ansehen.

mehrstündigen Tour durch eine wieder einmal traumhaft schöne südnorwegische Landschaft erreicht man Trolltunga und hat auch hier wieder die Möglichkeit, ganz entspannt auf einer Abbruchkante zu sitzen und die Beine baumeln zu lassen. Ganz so tief wie bei den anderen Wanderzielen geht es nicht hinab, aber es reicht aus, dass es bei einem Fehltritt die letzte Tour ist. Daher gilt auch hier wieder größte Vorsicht. Aufgrund der großen Distanzen in Norwegen empfiehlt es sich außerdem, auch andere Campingplätze für den Campingtrip ins Auge zu fassen.

Info

Preikestolen Camping, Preikestolvegen 97, 4100 Jørpeland, www.preikestolencamping.com

SIGHTSEEING
Wanderung zu Preikestolen; Schifffahrtsmuseum Stavanger, Strandkaien 22, 4005 Stavanger, www.stavangermaritimemuseum.no; Norwegisches Erdölmuseum, Kjeringholmen 1a, 4006 Stavanger, www.norskolje.museum.no

EINKEHRMÖGLICHKEITEN
Villa Rosehagen, Vågabakken 1, 4100 Jørpeland, www.villarosehagen.no; Fisketorget Stavanger, Strandkaien 37, 4005 Stavanger, www.fisketorget-stavanger.no

ACTION/AUSFLÜGE
Fahrt nach Lysebotn und Wanderung über das Kjeragmassiv zum Kjeragbolten; Fahrt nach Odda und Wanderung zu Trolltunga

ANREISE
Mit der Fähre ab Dänemark bis Kristiansand und weiter auf der E39 bis Stavanger. Dort auf der Straße 13 über Tau zum Campingplatz.

TOURIST-INFO
www.visitnorway.de

29 Traumlandschaft Lofoten

Zu den Stockfischen in der Polarregion

Steile, schroffe Berge, die scheinbar aus dem Ozean wachsen. Kleine Ortschaften mit Pfahlbauten und eine gut befahrbare Straße, die das alles miteinander verbindet. Perfekt für den Campingtrip.

Übernachtungsmöglichkeiten für Camper gibt es auf den Lofoten mehr als genug. Klassische Campingplätze wie zum Beispiel in der südlichsten Stadt der Inselgruppe, Moskenes, bieten wunderbare Ausblicke auf das Meer sowie die Berge und sind zudem gut gelegen bei der Anreise oder Abfahrt. Andere Plätze liegen wiederum etwas abgelegen und bieten dafür genau die Ruhe, die man sich im hohen Norden wünscht. Und zu guter Letzt bleibt auch noch die Möglichkeit, an vereinzelten Stellen frei übernachten zu können, natürlich immer mit Blick auf die Einheimischen und auf die Natur. Beide wollen zu Recht nicht gestört werden. Entscheiden wir uns doch für einen zentral gelegenen Übernachtungsplatz, der eine Mischung aus Camping- und Wohnmobilstellplatz bietet. Der Lyngvær Lofoten Bobilcamping liegt einerseits an der Hauptstraße E10, die einmal komplett über die gesamten Lofoten verläuft und die wichtigste Verbindung auf der Inselkette ist. Andererseits schaut man auf das Wasser des Europäischen Nordmeeres und auf viele kleine Inselchen, die die Küstenlandschaft der Lofoten zeichnen.

Tipp

Nördlich der Lofoten erstreckt sich eine weitere Inselgruppe. Die Vesterålen sind mindestens ebenso schön, auch wenn die Berge nicht mehr ganz so schroff direkt vom Wasser aus in die Höhe ragen. Dafür sind die Vesterålen etwas breiter in ihrer Topografie und werden meist von denen besucht, denen die Lofoten zu voll sind.

→ Die Berge der Lofoten beeindrucken, weil sie direkt aus dem Meer zu steigen scheinen.

Stadt und Natur auf den Lofoten

Wenn das Wetter schön ist, sollte man es nutzen. Es schlägt schnell um.

Vom Campingplatz aus haben wir gute Möglichkeiten, die Hauptstadt und größte Stadt der Lofoten zu erreichen. Selbst mit dem Fahrrad sind wir in nur eineinhalb Stunden in Svolvær und können dort gemütlich durch die Gassen schlendern, die meistens an einem der Häfen enden. Ähnliches gilt in Henningsvær, einem Ort, der sich relativ nahe unseres Campingplatzes über mehrere Inseln erstreckt. Bei einem Rundgang um die Marina passieren wir einige Galerien einheimischer Künstler und sind auch hier wieder von der Kulisse der Lofoten begeistert. Wir können natürlich auch einige der kleineren Straßen bevorzugen und den Haupttouristenströmen ausweichen, indem wir zu Wanderungen in die Gebirgswelt der Inseln aufbrechen. Belohnt werden wir für die Anstrengungen allemal, denn von jedem Gipfel aus hat man einen prachtvollen Blick auf die Inselkette der Lofoten. Etwas länger brauchen wir selbst mit dem Wohnmobil, wenn wir der E10 in südliche Richtung folgen und nach Reine fahren. Dieser kleine Ort ist traumhaft schön. Er erstreckt sich über mehrere kleine Inseln, die allesamt durch Brücken miteinander verbunden sind, und wird von hohen Bergen flankiert. Der Hausberg ist der Reinebringen, der die Schönheit der Ortschaft erst so richtig zur Geltung bringt, wenn wir die Wanderschuhe aus der Heckgarage hervorholen und mit ihnen auf den Gipfel steigen. Über fast zweitausend Treppenstufen steigen wir auf rund 400 Meter nach oben und erleben einen Panoramablick, der unvergesslich ist. Wie ein Gebirge steigen die Lofoten aus dem Meer, während tief unten die Straße die Inseln verbindet und zu den nächsten Ortschaften führt.

Viele kommen da allerdings nicht mehr. Die bereits erwähnte Ortschaft Moskenes bietet einen weiteren

Campingplatz und einen Hafen, von dem aus wir mit der Abendfähre auf das Festland zur Stadt Bodø reisen können. Doch das sollten wir nicht machen, ohne vorher noch der Stadt Å einen Besuch abzustatten. Die südlichste Stadt der Lofoten, die wir mit dem Camper erreichen können, ist wieder einmal ganz besonders sehenswert. Durch einen Tunnel fahren wir zu einem Parkplatz. Dieser markiert nicht nur das Ende der Straße, denn weiter südlich geht es einfach nicht, sondern ist für uns auch Ausgangspunkt, um die kleine Ortschaft zu erkunden. Zahlreiche Holzhäuser sind hier auf Pfählen erbaut und stehen direkt über den Schären am Ufer, teils sogar über dem Wasser. Auf Holzbohlenwegen schlendern wir zwischen den Häusern entlang, folgen dem Duft von Frischgebackenem in die Bäckerei, in der gerade Brot aus dem Steinofen geholt wird, und schauen anderswo dabei zu, wie Fische entschuppt werden. Fische haben wir bis hierhin auf den Lofoten ohnehin schon oft gesehen, manchmal als Stockfisch auf Wäscheständern in den Vorgärten. Doch in Å können wir sogar das Stockfischmuseum besichtigen, in dem nicht nur Hunderte Fische zum Trocknen hängen, sondern auch die Geschichte des Stockfischs erläutert wird.

↑ Auf den Lofoten heißt Wohnmobilurlaub, dass man immer ganz nah dran ist an der herrlichen Natur.
← Trockenfisch wird auch in Norwegen aus Kabeljau hergestellt und in der Sonne getrocknet.

Info

Lyngvær Lofoten Bobilcamping AS, Valhallveien 21, 8313 Kleppstad, www.lofoten-bobilcamping.no

SIGHTSEEING
Stadtbesichtigungen von Henningsvær und Svolvær, Lofoten Kriegsmuseum, Fiskergata 3, 8300 Svolvær, www.lofotenkrigmuseum.no

EINKEHRMÖGLICHKEITEN
Fiskekrogen Henningsvær, Dreyers gate 29, 8312 Henningsvær, www.fiskekrogen.no; Klatrekaféen, Misværveien 10, 8312 Henningsvær; Restaurant Paleo Arctiv, Thon Hotel Lofoten Torget, 8300 Svolvær, www.paleoarctic.no

ACTION/AUSFLÜGE
Wikingermuseum, Vikingveien 539, 8360 Bøstad, www.lofotr.no; Wanderung auf den Reinebringen; Lofoten Tørrfiskmuseum, Moskenesveien 1270, 8392 Å

ANREISE
Auf der E6 nach Fauske, dort weiter über die E80 nach Bodø, um mit der Abendfähre nach Moskenes zu gelangen.

TOURIST-INFO
www.visitnorway.de, www.lofoten.info

30 Zu den größten Seen in Skandinavien

Mit der Zuckerstange in der Hand durchs ganze Land

In Gränna werden sich vor allem die kleinsten Camper bzw. Mitreisenden freuen, wenn man vom Campingplatz aus zu Fuß zu den Zuckerstangenbäckern spazieren kann.

Der Vätternsee belegt »nur« den zweiten Platz bei den größten Seen in Skandinavien, zählt aber dennoch zu den größten Binnengewässern Europas. So verwundert es nicht, dass man beim Einchecken auf dem Campingplatz in Gränna das Gefühl bekommt, an einem kleinen Meer zu stehen. Das gegenüberliegende Ufer ist immerhin 15 Kilometer entfernt, doch das sieht man ohnehin nicht, weil sich auf halber Strecke noch die Insel Visingsö erstreckt. Diese können wir bequem besuchen, denn der Fähranleger befindet sich gleich neben dem Campingplatz und so kommen wir auch immer in den Genuss, der Fähre hinterher zu schauen, wenn sie fast an unserer Parzelle vorbeifährt und den Hafen verlässt. Übrigens, für die Statistiker: Der See erscheint mit seinen 15 Kilometern Breite vielleicht sogar sehr schmal. Doch seine Nord-Süd-Ausdehnung liegt bei gut 120 Kilometern, was eine Umrundung mit dem Fahrrad an einem Tag unmöglich macht.

Eine Runde Zuckerstangen für alle

Allerdings täte eine ausgiebige Radtour am Ufer des Vätternsee ziemlich gut, um ein paar Pfunde loszuwerden. In Gränna kann man nämlich davon ausgehen, dass man ein paar Kalorien zu viel zu sich nimmt. Die Ortschaft ist bekannt für die zahlreichen Zuckerstangenbäckereien. Die gesamte Hauptstraße wird von den rot-weiß gekringelten Zuckerstangen dominiert, den sogenannten Polkagrisar. Schon seit Mitte des 19. Jahrhunderts ist Gränna der traditionelle Ort für die Herstellung von Zuckerstangen. Als Erfinderin der Süßspeise gilt Amalia Eriksson, die 1835 die erste Zuckerstangenbäckerei eröffnete. Das Schöne dabei ist, dass man nicht nur seinen Vorrat für das Wohn-

↗ Zum Vätternsee spaziert man abends vom Campingplatz in nur wenigen Schritten ans Wasser.

mobil aufstocken kann, sondern sich auch oft die Möglichkeit bietet, bei der Herstellung den Bäckern, natürlich unter Beachtung der Hygienevorschriften, über die Schulter zu schauen. Zum Campingplatz ist es von den Bäckereien nur ein kurzer Spaziergang in Richtung Ufer.

Info

First Camp Gränna, Hamnvägen 49, 563 31 Gränna, www.firstcamp.se

SIGHTSEEING

Grenna Polkagriskokeri, Brahegatan 39, 563 32 Gränna, www.polkagris.com; Polkaprinsen, Brahegatan 45, 563 32 Gränna, www.polkaprinsen.se; Polkagrisbagar'n, Brahegatan 55, 563 32 Gränna, www.polkagrisbagarn.se; Polkapojkarna, Brahegatan 59, 563 31 Gränna, www.polkapojkarna.se

EINKEHRMÖGLICHKEITEN

Restaurant Grennabaren Mac Andrée, Brahegatan 37, 563 32 Gränna; Restaurant Pir Kro, Amiralsvägen 63, 563 31 Gränna

ACTION/AUSFLÜGE

Grenna Museum Andréepditionen Polarcenter, Brahegatan 38–40, 563 22 Gränna, www.grennamuseum.se; Grännebergets Freilichtmuseum, Grännaberget, 563 22 Gränna, www.grennamuseum.se; Ruine von Schloss Visingsborg auf Visingsö

ANREISE

Auf der E4 zwischen Helsingborg und Stockholm ungefähr auf halber Strecke an der Ausfahrt 104 abfahren und im Ort auf dem Hamnvägen Richtung Fähre, Hafen und Campingplatz.

TOURIST-INFO

www.visitsmaland.se, www.visitsweden.de

31 Hoch im Norden bei Mora

Auf den Spuren der Dala-Pferde

Jeder Schwede besitzt sie, die kleinen Dala-Pferde aus Holz. Meist stehen sie auf dem Kaminsims in den schnuckeligen rot-weißen Holzhäusern. Ein Kaminsims haben wir im Camper nicht. Ein Dala-Pferd holen wir uns trotzdem.

Der Campingplatz Levsnäs liegt wunderschön auf einer Insel im Siljansee. Auf einer Seite Uferküste, auf der anderen Seite ausschließlich Wald, der nur von den engen Abschlägen eines Golfplatzes unterbrochen wird. Er ist nur einer von mehreren Campingmöglichkeiten im mittleren Schweden, kurz bevor der hohe Norden beginnt. Auf dem Weg dorthin haben wir in Schweden vielleicht noch keine Elche gesehen, aber Pferde bestimmt. Und zwar Holzpferde, meist in roter Farbe und immer schön verziert. Diese sogenannten Dala-Pferde sind zu einem Wahrzeichen Schwedens geworden und stammen aus der Landschaft Dalarna, daher der Name. Die Geschichte der Dala-Pferde reicht bis in das 17. Jahrhundert zurück, als man in der dunklen Jahreszeit viel Zeit hatte, Holzspielzeug zu schnitzen. In der Nähe von Mora, der nächstgrößeren Ortschaft, sollten wir auf jeden Fall Nusnäs aufsuchen. Das Dorf am östlichen Ufer des Siljansees ist bekannt für eine der größten Dala-Pferd-Werkstätten.

← Weite Wälder prägen die Landschaft im Norden Schwedens.

Vom Holzpferd zum Weihnachtself

Schon vor dem Souvenirladen wartet ein knallrotes Dala-Pferd in Lebensgröße, während im Inneren des Shops Hunderte Pferde in mannigfaltiger Auswahl und allen möglichen Farben darauf hoffen, von einem Wohnmobiltouristen mitgenommen zu werden. Immerhin macht sich ein kleines Dala-Pferd auf dem Armaturenbrett immer gut. Aber es besteht nicht nur die Möglichkeit, die Pferdestärken des Wohnmobils zu erhöhen, sondern auch in der Werkstatt dabei zuzusehen, wie einer der Vierbeiner hergestellt wird. Schon als Zuschauer gerät man dabei respektvoll ins Schwitzen, wenn man sieht, wie fingerfertig die Holzpferde ausschließlich in Handarbeit bemalt werden.

Ein Reiseziel ganz anderer Art befindet sich am westlichen Ufer des Siljansees, nahe dem Campingplatz. Trolle, Feen, Elfen und sogar der Weihnachtsmann sind im Freizeitpark Tomteland das ganze Jahr hindurch anzutreffen und bieten mit Shows Spaß für Groß und Klein. Der Freizeitpark ist mit viel Liebe zum Detail angelegt und es besteht sogar die Möglichkeit, Gold zu waschen.

Info

Caravan Club Sollerö Camping, Soldvägen 149, 792 90 Sollerön, www.caravanclub.se

SIGHTSEEING
Tomteland Weihnachtsmann-Themenpark, Gesundabergsvägen 80, 79290 Söllerön, www.tomteland.se; Dalapferd-Holzwerkstatt, Edåkersvägen 24, 792 77 Nusnäs, www.grannas.com; Zornmuseum mit Werken des schwedischen Malers Anders Zorn, Vasagatan 36, 792 31 Mora, www.zorn.se

EINKEHRMÖGLICHKEITEN
Restaurant Jugen Jon, Jugen Jons väg 1, 792 90 Sollerön, direkt am Platz, www.pizzeriajugenjon.se; Restaurant Strand Il Gusto, Strandgatan 19, 792 30 Mora, www.strandilgusto.se

ANREISE
Ab Göteborg auf der E45 bis kurz vor Mora. Dort rechts auf die Straße nach Gesunda abbiegen und über die Brücke auf die Insel nach Sollerön.

TOURIST-INFO
www.visitsweden.de

32 Mit Pippi Langstrumpf durch Vimmerby

Wo Astrid Lindgrens Geschichten spielen

Die Kinder aus Bullerbü und Pippi Langstrumpf treffen sich allesamt in Småland. Und damit ist nicht das berühmte Spieleparadies eines schwedischen Möbelhändlers gemeint.

Wir reisen mit dem Camper durch eine Landschaft, wie wir sie uns schwedischer kaum vorstellen können. Wald und Seen, wohin das Auge reicht. Das Ideal von Schweden, wie wir es in zahlreichen Kinderbüchern und Filmen vorgestellt bekamen. So zeigt sich Südschweden zwischen Jönköping und Kalmar, oder genauer gesagt die historische Provinz Småland. Aber es ist kein Wunder, dass sich dieser Teil Schwedens genauso zeigt, wie wir uns das Land der Elche vorstellen. Die Schöpferin von *Karlsson vom Dach*, den *Kindern aus Bullerbü*, *Kalle Blomquist*, *Ronja Räubertochter*, dem *Michel aus Lönneberga* und natürlich der stets lebensfrohen *Pippi Langstrumpf*, die im Original auf den Namen Pippilotta Viktualia Rullgardina Krusmynta Efraimsdotter Långstrump hört – oder eben nicht –, erblickte in der Nähe von Vimmerby das Licht der Welt. Sie erfreute Millionen Kinder und auch Erwachsene mit ihren Geschichten.

Ich mach mir die Welt, wie sie mir gefällt

Noch zu ihren Lebzeiten entstand die Astrid Lindgrens Värld, genauer gesagt im Jahr 1981. Die Schriftstellerin verstarb 2001 im Alter von 94 Jahren.

Der Freizeitpark mitten in den Wäldern von Småland bereitet Kindern und solchen, die es geblieben sind, noch immer Spaß rund um die Villa Kunterbunt und zahlreichen weiteren Einrichtungen, die man aus den Geschichten der Schriftstellerin kennt. Zur Freude durch den Park kommt auch die Freude eines jeden Wohnmobilisten, der nur kurze Wege zurücklegen möchte. Denn direkt neben der Freizeitanlage befindet sich der dazugehörige Campingplatz, sodass wir am Abend von Pippi Lang-

↗ Als würde gleich Pippi Langstrumpf aus dem Haus gesprungen kommen.

strumpfs Villa Kunterbunt direkt zu unserer rollenden Villa nach Hause kommen können. Das Besondere an dem Park ist, dass er komplett ohne rasante Fahrgeschäfte auskommt, und stattdessen mit zahlreichen, sehenswerten Shows und natürlich den berühmten Figuren begeistern kann.

Info

Astrid Lindgrens Värld Camping & Stugby, Fabriksgatan 1, 598 40 Vimmerby, www.astridlindgrens-varld.se

SIGHTSEEING

Astrid Lindgrens Värld, Fabriksgatan 1, 598 40 Vimmerby, www.astridlindgrensvarld.se; Astrid Lindgrens Elternhaus, Hof Näs, Prästgårdsgatan 24, 598 36 Vimmerby, www.astridlindgrensnas.se

EINKEHRMÖGLICHKEITEN

Restaurant Majkens Mat, Fabriksgatan, 598 85 Vimmerby; zahlreiche Schnellrestaurants im Ortskern von Vimmerby

ANREISE

Auf der E4 ab Helsingborg nach Jönköping und auf der Straße 40 weiter nach Vimmerby. Am Kreisverkehr auf die Straße 23 wechseln und die nächste Ausfahrt nehmen.

TOURIST-INFO

www.visitsweden.de

33 Camping im Süden Islands

Von Wasserfall zu Wasserfall unterwegs

Während die anderen als Tagestouristen hierhin kommen, können wir einfach bleiben und den Wasserfall noch im Abendlicht genießen, wenn alle anderen wieder weggefahren sind und wir das tolle Fotomotiv für uns haben.

Die Lage des Campingplatzes ist fantastisch. Auf der einen Seite ist der Nordatlantik in Reichweite, auf der anderen Seite erheben sich die malerischen Berge im Zentrum von Island, und dann nächtigt man auch noch nur wenige Schritte vom beeindruckenden Wasserfall Skógafoss entfernt. Zugegeben, man hört ihn natürlich auch in der Nacht rauschen, aber was gibt es Schöneres, als frühmorgens als einer der Ersten die zahlreichen Treppen neben dem Skógafoss hinaufzuspazieren und den breiten Wasserfall sowohl von oben als auch von unten ganz für sich alleine genießen zu können? Einfach fantastisch, wie das Wasser über die Abbruchkante strömt und nach unten fällt. Klassischer geht es gar nicht.

Im Land von Feuer und Wasser

Aber Island wäre nicht Island, wenn das der einzige Wasserfall wäre. Und vor allem stürzt das Wasser an anderen Stellen des Landes weniger klassisch in die Tiefe, sondern kann uns Bewunderern noch mehr bieten. So ist es zum Beispiel nur eine kurze Fahrt von unserem Campingplatz auf der Ringstraße, die einmal um Island herumführt in Richtung Reykjavík. Nach gerade einmal 20 Minuten stehen wir nämlich vor dem nächsten Wasserfall, dem Seljalandsfoss. Und nicht nur das, denn am Seljalandsfoss kann man auch hinter dem Wasserfall stehen. Grandios, wie man auf dem schmalen Wanderweg unter dem Felsvorsprung entlang spazieren kann. Wasserdichte Kleidung ist dabei trotzdem von Vorteil. Auf dem Weg von dem einen Wasserfall zum anderen passieren wir außerdem noch einen kleinen Parkplatz, an dem wir einen Blick auf den Eyjafjallajökull werfen können. Wir erinnern uns: Das war der Vulkan, der im Jahr 2010 den Flugverkehr in Europa zum Erliegen brachte. Die Bilder vom damaligen Vulkanausbruch bieten einen tollen Vergleich mit der heutigen Landschaft.

↗ Den Seljalandsfoss kann man von hinten umrunden.
← Der Skógafoss ist auch, oder gerade, im Winter traumhaft schön.

Info

Skógar tjaldsvæði (Camping), Skógarfoss, tjaldstaedi.is/skogar/

SIGHTSEEING
Skógafoss; Seljalandsfoss

EINKEHRMÖGLICHKEITEN
Skógar Restaurant, 861 Hvolsvöllur, www.hotelskogar.is; Mia's Country Van, 861 Hvolsvöllur

ACTION/AUSFLÜGE
Wanderung zum Flugzeugwrack Sólheimasandur; Schwarzer Sandstrand; Tagesausflüge nach Reykjavík und zum Golden Circle bzw. Goldenen Ring mit Besuchen im Nationalpark Þingvellir, und dem Geothermalgebiet Haukadalur mit Geysir und dem Wasserfall Gullfoss

ANREISE
Mit der Fähre M/S Norröna der Fährgesellschaft Smyril Line bis Reykjavik. Ab der Hauptstadt über die Ringstraße 1 entgegen dem Uhrzeigersinn bis zum Campingplatz am Skógafoss.

TOURIST-INFO
www.visiticeland.com

34 Zu den Vulkanen in Island

Von heißen Dämpfen und bissigen Mücken

Mývatn heißt der See im Nordosten Islands. Übersetzt bedeutet das Mückensee und diese Bezeichnung könnte treffender nicht sein. Also auf jeden Fall Mückenschutz mit in das Wohnmobil einpacken.

Die Landschaft rund um den Mývatn hat so vieles zu bieten, dass wir uns alleine für den Nordosten Islands jede Menge Zeit nehmen sollten. Während die Kurzbesucher des Landes sich üblicherweise auf den Golden Circle bei Reykjavík beschränken, ist dieser für uns nur ein Vorgeschmack auf die Schönheiten und spannenden Sehenswürdigkeiten am anderen Ende des Landes.
Auf der Ringstraße steuern wir unser Wohnmobil zum kleinen, aber feinen Campingplatz am Ostufer des Sees, von dem aus wir einige der hiesigen Sehenswürdigkeiten sogar zu Fuß erreichen können. Zunächst einmal ist da der See als solches. Sehr schön, sehr sehenswert, aber definitiv nicht für Strandurlaub geeignet. Wir sind ja in Island, in dem rauen Klima ist man für einen Strandurlaub falsch. Dafür gibt es aber am Ufer Interessantes zu sehen, das in unseren Breiten nicht geboten wird. Höfði ist zum Beispiel nur fünf Kilometer vom Campingplatz entfernt und lässt sich bei einer Wandertour erreichen. Dabei handelt es sich um kleine versteinerte Lavatürme, die zum Teil aus dem Wasser ragen und bizarre Formen bilden.
Ebenso bizarr ist die gesamte Felsenlandschaft östlich des Sees und immer noch gut zu Fuß erreichbar. Dimmuborgir heißen diese sogenannten Dunklen Burgen. Auch sie sind durch Vulkanismus entstanden. Mauern und Felstürme aus erhärteter Lava ragen meterhoch in die Höhe und tragen Namen, die an ihre jeweilige Erscheinung erinnern. Auf einem Rundkurs können wir die Lavasäulen wunderbar erkunden. Und wenn wir schon zu Fuß auf einem Rundweg sind, steigen wir gleich auch noch selber in die Höhe, um an seinem Kraterrand den Hverfjall zu umrunden. Dieser Tuffring ist jedoch kein Vulkan, wie man es bei seinem Aussehen vermuten

→ Am Geothermalfeld von Hverir im Nordosten Islands hält man sich zuweilen die Nase zu.

könnte, sondern er entstand vor etwa zweieinhalbtausend Jahren durch eine gigantische Wasserdampfexplosion, als Magma auf Grundwasser traf.

Vulkanismus überall

Wer nach den spannenden Wanderungen noch nicht genug hat, kann am Abend noch einmal losziehen und nach einer halben Stunde Fußmarsch weitere geologische Besonderheiten entdecken.

Tipp

Wer sich beim Aufenthalt rund um den Mývatn hin und wieder urbanes Leben wünscht, kann nach Akureyri fahren. Die Kleinstadt steht sogar auf den Fahrplänen bekannter Kreuzfahrtreedereien und bietet alles an Einkaufsmöglichkeiten, was man im Land braucht. Dazu gehört auf jeden Fall der Mückenschutz.

Diese Landschaft findet man nur in Island und nirgendwo sonst in Europa.

Grjótagjá ist nämlich eine durch Lava entstandene Höhle mit Thermalquelle, die früher zum Baden genutzt wurde. Heute lässt es sich in der kleinen Höhle zwar nicht mehr baden, aber der Anblick ist dennoch schön. Fans der Serie *Game of Thrones* werden diesen Ort vermutlich als Kulisse für eine Liebesszene wiedererkennen. Oberhalb der Grotte folgt gleich ein weiteres spannendes Phänomen. Die Erdkruste bricht hier nämlich auf und wir stehen mit einem Fuß auf der eurasischen Kontinentalplatte und mit dem anderen in Nordamerika.
Am folgenden Tag sind wir ein wenig weiter zu Fuß unterwegs und wandern erneut von Nordamerika nach Europa, genauer gesagt zum Geothermalfeld Hverir. Am letzten Parkplatz vor einem kleinen Pass wandern wir auf die Hügellandschaft hinauf und sind ganz fasziniert von den zahlreichen rauchenden Schloten, die aus der Erde kommen und die wir von oben sehen können. Es blubbert, kocht und zischt allerorten aus zahlreichen kleinen tümpelähnlichen Wasserbecken. Hier werden alle Sinne angesprochen, denn auch der Geruch von Schwefel schwebt in der Luft. Das spannende Geothermalfeld gehört zum Krafla-Vulkansystem, das wir bei einem Tagesausflug mit dem Wohnmobil auch noch besichtigen können. Es erstreckt sich etwas weiter nördlich und besteht aus mehreren Lavafeldern und Vulkanseen, die abermals zu kleineren Wanderungen einladen.

↗ Grjótagjá ist vor allen Dingen durch *Game of Thrones* berühmt geworden.
← Vulkanlandschaft Dimmuborgir, östlich des Sees Mývatn

Doch diese einmalige, fantastische Landschaft, die wir auf dem europäischen Festland nicht erleben können, ist immer noch nicht alles. Denn zurück zum Mývatn, wo wir wieder den Moskitoschutz über den Kopf streifen, haben wir noch am Südufer Skútustaðagígar zu besichtigen. Hierbei handelt es sich um Pseudokrater, die wie der Hverfjell-Krater durch kleinere Wasserdampfexplosionen entstanden, als ein Lavastrom des Krafla-Systems Wasser berührte. Wohin man auch schaut oder wohin man ab dem Campingplatz auch fährt – überall erhält man wunderbare Einblicke in die faszinierende und, zum Teil wortwörtlich gemeint, atemberaubende Erdgeschichte.

Info

Camping Vogar, Norðurland Eystra, vogarcamping.is

SIGHTSEEING

See Mývatn; Höfði; Dummobogir; Hverfjell-Krater; Geothermalfeld Hverir, Krafla-Vulkansystem mit Kratersee und Lava-Feldern; Grjótagjá-Höhle

EINKEHRMÖGLICHKEITEN

Vogafjós Farm Resort, Vogar, 660 Myvatn, www.vogafjosfarmresort.is; Restaurant Gamli Bærinn, 660 Reykjahlíð, www.icelandairhotels.com

ACTION/AUSFLÜGE

Ausflug zum Wasserfall Goðafoss

ANREISE

Mit der Fähre M/S Norröna der Fährgesellschaft Smyril Line bis Reykjavík. Ab der Hauptstadt über die Ringstraße 1 im Uhrzeigersinn an Akureyri vorbei bis zum Mývatn.

TOURIST-INFO

www.visiticeland.com

Die Ponta da Piedade,
ein wunderschöner Küstenabschnitt
an der Algarve

Camping in Südeuropa

Sonne, blauen Himmel und türkisfarbenes Wasser mit entsprechenden Badetemperaturen kann man genießen, wenn man den Camper nach Südeuropa steuert. Von Portugal bis Griechenland ist es aber nicht nur das Mittelmeer, das zahlreiche Urlauber in den Süden lockt.

Auch der Norden Spaniens hat beispielsweise tolle Ziele. Der Nationalpark Picos de Europa lockt nicht nur mit einem sehenswerten Gebirge, sondern liegt ebenfalls nahe am Meer, allerdings an der Bucht von Biskaya. Im Hinterland verläuft der berühmte Jakobspilgerweg. Er endet im Nordwesten Spaniens, genauer gesagt in Galizien, wo man sich in Santiago de Compostela das Wallfahrtsziel, die Kathedrale, anschauen sollte. Auch in Italien muss man nicht gleich an Strände und Sommerhitze denken. Der Gardasee ist ein beliebtes Reiseziel gleich hinter der deutschsprachigen Provinz Südtirol. Doch Ziele wie der Ätna, die Akropolis und die Algarve sind natürlich ganz besondere Traumdestinationen im Süden Europas, und zwar nicht nur des Wetters wegen.

35 Badevergnügen am Lago di Garda

Womo-Tour nach Peschiera del Garda

Mediterranes Flair am Südufer und hohe Alpenausläufer vom Nordufer. Der Gardasee bietet so viel und ist mit einer ganzen Reihe an Campingplätzen zu Recht eines der beliebtesten Campingziele Europas.

In den Wirtschaftswunderjahren reiste man mit dem VW-Käfer über den Brennerpass und war stolz und glücklich, in südlichen Gefilden Urlaub machen zu können. In vielen Fällen hat man schon damals Campingplätze angesteuert, an der Adriaküste bei Rimini oder man bog südlich von Bozen aus dem Etschtal ab, um später im Gardasee eintauchen zu können. Heute ist es kein VW-Käfer mehr und selbst der urige VW-Bus ist in seiner Urform nicht mehr zeitgemäß. Die Fahrzeuge sind größer geworden und auf der Uferstraße des Gardasees verkehren heute Wohnmobile in Ausmaßen, die man sich damals in seinen futuristischsten Träumen nicht hätte ausmalen können. Die Straßenbreite hat sich dem aber nicht angepasst und auch der Straßenverkehr selbst ist um einiges zähflüssiger geworden. Wer also mit dem Wohnmobil oder mit dem Wohnwagengespann am Lago di Garda unterwegs ist, muss sich auf wenige und kleine Parkplätze einstellen und auch den einen oder anderen Stau einplanen. Wie gut, dass aber die Infrastruktur in Sachen Campingübernachtungen mitgewachsen ist und wir eine riesige Auswahl an Campingplätzen und auch Wohnmobilstellplätzen, teilweise sogar direkt am Ufer mit Seeblick, haben.

Der Gardasee steckt voller Auswahlmöglichkeiten

Sinnvollerweise stellen wir unseren Camper also auf einem der vielen Plätze ab und erkunden Land und Leute mit einem kleineren Gefährt, auf dem

→ Kleine Häfen dominieren die hübschen Orte, hier Malcesine, am Ufer des Gardasees.

S. MARCO

Rad oder bei einer Wanderung, je nachdem für welche Ortschaft am Gardasee wir uns entscheiden. Wie wäre es mit Peschiera del Garda ganz im Süden? Südlicher geht es am Gardasee nicht. In Peschiera entwässert der See mit dem Fluss Mincio, und die Ortschaft bietet neben mehreren Campingplätzen auch noch zwei Wohnmobilstellplätze. Einer liegt nahe am Ortszentrum, dafür aber nicht am Wasser, der andere befindet sich etwas außerhalb und nahe der Autobahn. Eine gute Erreichbarkeit ist also gegeben und selbst in den touristisch sehr gut besuchten Monaten hat man hier noch eine Chance auf einen spontanen Übernachtungsplatz, selbst wenn woanders schon alles ausgebucht ist.
Der Stellplatz bietet außerdem ein relativ gutes Preis-Leistungs-Verhältnis, was man von manchen Campingplätzen in der Region leider schon lange nicht mehr behaupten kann. Auf der geschotterten Fläche bleibt sogar Platz, die Markise auszufahren. Die Sanitäreinrichtungen sind zwar einfach und überschaubar, aber um Ausflüge ab Peschiera zu machen, ist der Platz ideal gelegen. Nach Rückkehr am späten Nachmittag kann man dann noch bequem in das nahe gelegene Stadtzentrum spazieren und sich mit Blick auf den See eine Pizza einverleiben. Ganz nebenbei hat Peschiera del Garda auch noch eine schnuckelige Altstadt mit kleinen Gassen anzubieten, die sich innerhalb einer Festungsanlage befindet. Diese ist wiederum sogar Teil des UNESCO-Weltkulturerbes Venezianische Festungsmauern.
Mit einem gemieteten Pkw oder Roller ist es sogar möglich, in einem Tagesausflug den gesamten See zu umrunden. Der am weitesten entfernte Punkt ganz im Norden ist Riva del Garda und in rund eineinhalb Stunden zu erreichen. Auf dem Weg dorthin gibt es jedoch mindestens genauso viele Sehenswürdigkeiten wie Campingplätze. Da wären zum Beispiel die Skaligerburgen in Torri del Benaco und in Malcesine oder von dort auch die Seilbahn, um den immer präsenten Bergrücken des Monte Baldo zu erreichen, der zu zahlreichen Wanderungen einlädt. Am Westufer besichtigen wir die sehenswerten Zitronengärten von Limone und in beinahe jedem Ort können wir an einer Promenade oder an einem Jachthafen flanieren, wenn wir nicht ohnehin eines der Ausflugsschiffe betreten. Ein besonders beliebtes Ziel ist die Halbinsel Sirmione, nicht weit von Peschiera entfernt, die als sehr schmale Landzunge in den Gardasee hineinragt. Mit einer weiteren Skaligerburg, schmalen Gassen und den Überresten einer anti-

Wie sehr wünschte ich meine Freunde einen Augenblick neben mich, dass sie sich der Aussicht freuen könnten, die vor mir liegt. – Goethe

Tipp

Ein Ausflugsziel, das nicht direkt am Gardasee, aber nur eine halbe Autostunde entfernt liegt, ist die romantische Stadt Verona. Hier ist der nachträglich angebrachte Balkon der Julia zu besichtigen, oder man schlendert durch die Gassen dieser Weltkulturerbe-Altstadt. Große Parkplätze und ein Wohnmobilstellplatz vereinfachen diesen Wunsch.

↗ **Für so leere Gassen muss man schon recht früh aufstehen.**

ken römischen Villa sollten wir für Sirmione einen ganzen Tag einplanen. Und zu guter Letzt ist man unter anderem in Torbole auf den Spuren des Dichters Johann Wolfgang von Goethe unterwegs, denn der war schon am Gardasee, lange bevor es VW-Käfer und Campingbusse gab.

Info

Area di Sosta Camper Peschiera del Garda, Via Milano, 43, 37019 Peschiera del Garda VR, www.area-camperpeschiera.com

SIGHTSEEING

Festungsanlage Peschiera del Garda; Skaligerburgen von Sirmione, Torri del Benaco und Malcesine; Grotte di Catullo mit Thermen in Sirmione; Olivenmuseum in Bardolino, www.museum.it

EINKEHRMÖGLICHKEITEN

Restaurant Pizzeria al Lago, Via Carducci, 6, 37019 Peschiera del Garda VR; L'Osteria, Via Felice Cavallotti, 7, 37019 Peschiera del Garda VR, www.osteria-peschieradel-garda.it

ACTION/AUSFLÜGE

Freizeitpark Gardaland, Via Derna, 4, 37014 Castelnuovo del Garda VR, www.gardaland.it; Freizeitpark Movieland, Via Fossalta, 58, 37017 Lazise VR, www.canevaworld.it

ANREISE

Auf der A22 ab Bozen durch das Etschtal bis zur E70, dort in Richtung Brescia abbiegen und ab der Ausfahrt Peschiera auf die SR11 und SR 249. Im Ort am Hafen vorbei und am Kreisverkehr die erste Ausfahrt.

TOURIST-INFO

www.lagogardadiveneto.com

Historische Spuren findet man allerorten, wie die Grotte di Catullo bei Sirmione.

36 Mit dem Wohnmobil fast bis zum Canal Grande

Sightseeing am Markusplatz

Venedig sehen und sterben – so heißt es. Letzteres lassen wir lieber bleiben und steigen für eine kurze Zeit vom Wohnmobil in eine Gondel um, um die Lagunenstadt zu genießen.

In der Tat könnte man fast bis zum Canal Grande durchfahren, wenn man das Wohnmobil auf dem Damm vom Festland zum Bahnhof von Venedig steuert. Kaum vorstellbar, aber auf dem Weg zum Wohnmobilstellplatz überqueren wir sogar den legendären Kanal. Der Stellplatz ist absolut praktisch gelegen, denn in Windeseile ist man zu Fuß in den Gassen und Kanälen der Altstadt von Venedig. Aber diese zentrale Lage gleich neben einem Parkhaus auf einer Asphaltfläche muss man teuer bezahlen. Da gibt es Schöneres, zum Beispiel klassische Campingplätze unmittelbar an der Adriaküste wie das Campingdorf Marina di Venezia mit eigenem umfassendem Aquamarina-Park. Von dort fahren wir wunderbar einfach mit dem Wasserbus über die Lagune und kommen direkt am Markusplatz an.

Mit dem Wasserbus durch die Lagune

Basilika, Dogenpalast, Markusturm und die legendäre Seufzerbrücke erblicken wir schon, bevor wir den Wasserbus verlassen haben. Von dort geht es natürlich ebenso schön und einfach durch die Gassen zur Rialtobrücke und den vielen anderen historischen Bauten in Venedigs Altstadt. Wer mag, kann auch gleich in den nächsten Wasserbus einsteigen und die beiden Inseln Burano und Murano ansteuern. Sie präsentieren sich mit ebenfalls malerischer Kulisse, denn Burano lockt mit farbenfrohen Häusern und Murano bietet feinste Glashandwerkskunst. Ganz im Süden der Lagune lockt außerdem die auf dem Festland befindliche Stadt Chioggia, die mit Kanälen und der Ponte di Vigo begeistert. Das Schöne an Chioggia ist, dass wir auch hier unseren Camper auf einem der vielen Campingplätze und Wohnmobilstellplätze stehen lassen können, um die malerische Lagunenstadt Venedig mit ihren schier unfassbar vielen Attraktionen, Plätzen und Museen zu besichtigen.

↗ Einfach mal vom Camper in die Gondel umsteigen, Venedig macht's möglich.
← Wasserspaß mit zig Becken in allen Größen und Formen – wer's lieber salzig statt chlorig mag, hat es nicht weit zum Meer.

Info

Marina di Venezia Camping Village, Via Montello, 6, 30013 Cavallino-Treporti VE, www.marinadivenezia.it

SIGHTSEEING
Markusplatz mit Markusdom; Seufzerbrücke; Canal Grande; Rialtobrücke; Uhrenturm St. Markus; Museo Correr für venezianische Kunst; Leonardo-da-Vinci-Museum, Campo S. Rocco, 3052, www.davincimuseum.it; Naturkundemuseum, Salizada del Fontego dei Turchi, 1730, www.msn.visitmuve.it; Peggy-Guggenheim-Kollektion, Dorsoduro, 701-704, 30123 Venezia VE, www.guggenheim-venice.it

EINKEHRMÖGLICHKEITEN
Restaurant Vanin, Dorsoduro, 701-704, 30123 Venezia VE, www.ristorantevanin.it; Restaurant Calici e Mare, Via Pealto, 30013 Ca' Savio VE, www.caliciemare.com

ACTION/AUSFLÜGE
Fahrten mit dem Wasserbus nach Murano, Burano und Chioggia

ANREISE
Ab Jesolo der SP42 folgen und auf der Halbinsel fast bis zum Ende, hier links in die Via Hermada.

TOURIST-INFO
www. veneziaunica.it

37 Auf der Stadtmauer rund um Lucca

Wohnmobilreise in die Toscana

Historische Bauten, zwischen denen Pizzaduft durch die Gassen einer malerischen Altstadt strömt. Lucca ist nur ein Beispiel für zahlreiche toskanische Orte, die mit dem Womo erlebenswert sind.

Pinienbäume und Zypressen flankieren die Straßen der Toskana und geben dieser wunderbaren Region im mittleren Italien ein weltweit bekanntes Gesicht. Auf den Straßen steuern wir unser Wohnmobil von einer Stadt zur nächsten und jede einzelne davon begeistert uns mit Geschichte, Kultur und Architektur. Ob Florenz, Pisa oder Siena, sie alle erfreuen das Camperherz in uns, denn Stellplätze und Campingplätze sind nicht nur üblicherweise vorhanden, sondern liegen oft auch so, dass man das Wohnmobil unbesorgt stehen lassen und zu Fuß in die Altstadt schlendern kann. So auch in Lucca, wo wir nahe des Flusses Serchio den gleichnamigen Wohnmobilstellplatz aufsuchen, der beinahe schon Campingplatzqualitäten vorzuweisen hat. Unter hohen Bäumen genießen wir den Schatten und spazieren gerade einmal eine Viertelstunde bis zur Porta San Donato, eines der Stadttore, durch die wir in die Altstadt gelangen.

Kultur an jeder Ecke

Doch bevor wir in die Altstadt flanieren, haben wir hier die Möglichkeit, eben diese gemütlich und beinahe kreuzungsfrei zu umrunden. Die breite Stadtmauer, die in ihren Ursprüngen aus dem 12. Jahrhundert stammt und später zur heutigen breiten Befestigungsanlage ausgebaut wurde, ist über vier Kilometer lang. Wenn wir ihr folgen, passieren wir elf Bastionen und weitere Stadttore, an denen wir natürlich jederzeit abzweigen können, um in das lebhafte Zentrum zu gelangen. Auffällig sind die fast rechtwinklig angelegten Straßenzüge, die noch den Einfluss der Römer zeigen. Dahingegen wirkt die mittelalterliche Piazza dell'Anfiteatro ganz ungewöhnlich. Sie ist als großes Oval errich-

↗ Lucca begeistert den ganzen Tag, aber natürlich erst recht bei Sonnenuntergang.

tet worden und komplett von Wohnhäusern umschlossen. Nur durch Tore gelangt man auf die Piazza, in der zahlreiche Straßencafés mit ihren Speisen locken. In der Pizzeria, der Osteria oder dem klassischen Ristorante lässt man hier den Tag zu Ende gehen.

Info

Area Sosta Camper Il Serchio, Via del Tiro a Segno, Via Sant'Anna, 704, 55100 Lucca LU, www.camperilserchio.it

SIGHTSEEING

Piazza dell'Anfiteatro; Kathedrale, Piazza Antelminelli, 55100 Lucca LU; Uhrenturm, Via Fillungo, 55100 Lucca LU; Palazzo Mansi, Via Galli Tassi, 43, 55100 Lucca LU, www.luccamuseinazionali.it

EINKEHRMÖGLICHKEITEN

Trattoria Pizzeria Da Gherardo Lucca, Piazza dell'Anfiteatro, 9, 55100 Lucca LU; Pizzeria Alice Lucca, Via S. Paolino, 22, 55100 Lucca LU, www.alicepizza.it

ACTION/AUSFLÜGE

Ausflüge zum Schiefen Turm nach Pisa oder Wandermöglichkeit in den Cinque Terre

ANREISE

Auf der E35 ab Piacenza über Bologna nach Prato, weiter auf der A11 bis zur Ausfahrt Lucca Est. Im Ort bis zur Porta Sant'Anna und der Beschilderung folgen.

TOURIST-INFO

www.visittuscany.com

38 Übernachtung am Fuße des Ätna

Zu Besuch beim Vulkan in Sizilien

Ein ganz besonderes Erlebnis ist eine Campingreise nach Sizilien. Da wäre die weite Fahrt durch die Kulturstädte Italiens, die Fährüberfahrt in der Straße von Messina und dann noch der rauchende Schlot.

Ist man einmal in Sizilien angekommen, dann ist es nur eine relativ kurze Fahrt ab dem Hafen entlang der Küstenstraße, bis der Campingplatz inklusive Wohnmobilstellplatz erscheint. Nach langer Anreise über Rom und Neapel kann der eigentliche Urlaub nun bei bestem Sonnenschein beginnen. Wir parken unser Wohnmobil an der Mündung eines leider viel zu oft ausgetrockneten Flussbettes und genießen nach dem Check-in den freien Blick auf das Meer. Und den haben wir zweifellos, wenn wir in der ersten Reihe stehen. Dann breitet sich vor der Motorhaube nur noch der Sandstrand aus. In den hinteren Reihen genießen wir dafür den Vorteil, unter schattigen Bäumen zu stehen. Das ist hier am Mittelmeer an manchen Tagen mehr wert. Aber alle Plätze haben natürlich gemein, dass

↗ Gefährlich und trotzdem anziehend – der Ätna auf Sizilien
← Die Kathedrale erhebt sich mit ihrer Kuppel mitten in Catania.

wir mit wenigen Schritten durch den weichen Sandboden im Meer stehen und in das kühlende Nass eintauchen können. Doch in der Nähe des Campingplatzes ist es nicht nur die Sonne, die für Wärme sorgt. Mitunter wird man Zeuge, wie der nur 35 Kilometer entfernte Vulkan Ätna zeigt, was in ihm steckt. Im wahrsten Sinne des Wortes.

Nicht nur heiße Luft

Denn der Ätna ist der höchste aktive Vulkan der Erde und ragt auf der Insel über 3300 Meter in die Höhe. Immer wieder kommt es zu kleineren und größeren Ausbrüchen, die Teile der Landschaft verändern, und als Nicht-Sizilianer kann man es sich kaum vorstellen, so nah an diesem Hotspot zu wohnen. Landschaftlich ist der Berg bzw. Vulkan jedoch ein Genuss. Kein Wunder, dass er in die Liste der Weltnaturerben aufgenommen wurde und die einzigartige Tier- und Pflanzenwelt, die sich auf dem Lavagestein angesiedelt hat, als Naturpark ebenfalls geschützt ist. Diese einmalige Kulisse kann man übrigens mit Seilbahn, Shuttlebussen und zu Fuß bis zum Kraterrand erreichen.

Info

Camping La Focetta Sicula, Contrada Siena, 40, 98030 Sant'Alessio Siculo ME, www.lafocetta.it

SIGHTSEEING
Porta Garibali bzw. Porta Ferdinandea, Piazza Palestro, 95122 Catania CT; Castello Ursino, Piazza Federico di Svevia, 95121 Catania CT; Kathedrale Sant'Agata, Piazza del Duomo, 95100 Catania CT

EINKEHRMÖGLICHKEITEN
Restaurant Talia, Via Giovanni Falcone, 28, 98028 Santa Teresa di Riva ME; Restaurant da Antonio, Via Castello Ursino, 59, 95121 Catania CT, www.daantoniotrattoria.com

ACTION/AUSFLÜGE
Rundfahrt mit dem Zug um den Ätna; Fahrt mit der Seilbahn auf den Ätna

ANREISE
Auf der E45 bis Villa San Giovanni, dort auf die Fähre und ab Messina weiter auf der SS114.

TOURIST-INFO
www.visitsicily.info

39 Kompromisse in Griechenlands Hauptstadt

Auf Städtetour zur Akropolis in Athen

So viele Kulturgüter auf einmal. Dazu meist schönes Wetter und ein Campingplatz, der sich als idealer Ausgangspunkt für Sightseeing in der Metropole Athen entpuppt.

Wie so vieles hat auch die Lage des Campingplatzes in Athen ihre Vor- und Nachteile. Ungeschlagen ist die wunderbare Anbindung an den öffentlichen Nahverkehr. Die Haltestelle befindet sich praktisch vor der Rezeption auf der anderen Straßenseite. Mit dem Bus ist es von dort eine Dreiviertelstunde und schon stehen wir an der Hauptsehenswürdigkeit, der berühmten Akropolis von Athen. Diese Straße bietet einen weiteren wunderbaren Vorteil, denn sie erleichtert uns mit dem Camper die Anreise erheblich. Doch gleichzeitig ist das auch ihr Knackpunkt. Sie zieht sich als achtspurige Lebensader durch die griechische Hauptstadt und bringt auch in der Nacht den gesamten Lärm mit sich, denn man sich an solch einer Trasse vorstellt.

Kulturgenuss par excellence

Nichtsdestotrotz überwiegen die Vorteile und mangels Alternative in Athen bleibt der Campingplatz unsere Anlaufstelle. Dafür steht das Wohnmobil sicher und sogar unter den Schatten spendenden Baumkronen. Genug Platz bietet jede Parzelle auch noch und dass der Campingplatz ein wenig altbacken wirkt, ignorieren wir einfach mal angesichts der Tatsache, dass wir in Athen sind, um Ruinen und historische Bauten zu besichtigen. Dazu zählt natürlich die weltberühmte Akropolis, die sich als Wahrzeichen der Stadt auf einem Hügel erhebt und aus mehreren Gebäuden besteht. Das bekannteste ist selbstverständlich der Parthenon mit seinen Säulen, aber dann kommt gleich das antike Amphitheater. Am Fuße des Hügels bildet das moderne Akropolis-Museum einen immensen architektonischen Kontrast und beherbergt zahlreiche bedeutende Fundstücke aus der Antike. Nur ein kurzer Spaziergang ist es von dort zum Panathinaiko-Stadion, in dem die ersten Olympischen Spiele der Neuzeit Ende des 19. Jahrhunderts ausgetragen wurden.

↗ Die Veranda der Karyatiden ist Teil des Erechtheiontempels.
← Ein Klassiker ist natürlich die Akropolis mitten in Athen.

Info

Camping Athens, Leof. Athinon 198-200, Athina 121 36, www.campingathens.com.gr

SIGHTSEEING
Akropolis mit Parthenon, Amphitheater, Propyläen, Niketempel, Athen-Tempel und viel mehr; Akropolis-Museum, Dionysiou Areopagitou 15, Athina 117 42, www.theacropolismuseum.gr; Hadrianstor; Panathinaiko-Stadion, Leof. Vasileos Konstantinou, Athina 116 35, www.panathenaicstadium.gr; Olympieion-Tempel

EINKEHRMÖGLICHKEIT
Imbiss Gregory's, Leof. Athinon 204, Chaidari 124 61, fußläufig zum Platz

ACTION/AUSFLÜGE
Daphni-Kloster, Iera Odos, Chaidari 124 61, www.odysseus.culture.gr

ANREISE
Auf der E75 bis Athen und in der Stadt auf die Straße 8 in Richtung Skaramagas (Σκαραμαγκάς). Der Platz befindet sich dann auf der rechten Seite.

TOURIST-INFO
www.thisisathens.org

40 Campingtour auf Chalkidiki

Genusscampen unter der Sonne Griechenlands

Poseidons Dreizack erwartet uns bei einer Reise auf die Halbinsel Chalkidiki südlich von Thessaloniki. Wie drei Finger ragen weitere Landzungen in das Ägäische Meer und versprechen schönsten Urlaub an der Küste.

Um die Großstadt Thessaloniki kommen wir kaum herum, wenn wir auf die Halbinsel Chalkidiki reisen wollen. Warum also nicht auf dem Weg zum Campingplatz noch eine Stadtbesichtigung zwischendurch einlegen? Alternativ könnten wir weiter westlich einen Blick auf den Naturpark rund um das Axios Delta werfen, wo zahlreiche Fischerhäuschen einen interessanten Anblick bieten. Und wenn man schon auf Campingtour durch Griechenland unterwegs ist, dann lohnt natürlich auch noch der Nationalpark Olympos mit dem höchsten griechischen Gebirge rund um den Olymp. So ist das eben, wenn man mit dem Camper durch Griechenland reist. Es gibt immer irgendwo etwas zu entdecken und die Gefahr ist groß, vom eigentlich gesteckten Reiseziel abzuweichen. Daher steigen wir vom Gipfel des Olymp nun wieder hinab, setzen uns ans Steuer unseres Wohnmobils und fahren endlich auf die Halbinsel Chalkidiki.

Erholung am kilometerlangen Strand

Viele Felder begleiten unseren Weg zum Campingplatz Atki Retzaki. Dort angekommen, stellen wir unseren Camper unter Schatten spendenden Bäumen ab und haben kaum eingeparkt, schon springen die kleinen Mitreisenden aus dem Wohnmobil und in den weiten Sandstrand hinein. Feinster Sand, soweit das Auge nach rechts und links blickt, nur hin und wieder von einigen Strandbars unterbrochen, die uns zu einer kleinen Einkehr verleiten. Vor uns das kristallklare Wasser – der Campingurlaub ist perfekt. Bei einem weiten Strandspaziergang gen Westen erreichen wir nach einiger Zeit ein Schiffswrack, das vor über 40 Jahren hier gestrandet ist und als rostige Landmarke ein interessantes Fotomotiv abgibt.

↗ Das Mittelmeer zeigt sich auf Chalkidiki in seiner ganzen Schönheit.

Empfehlenswerte Tagesausflüge sind wiederum die Landzungen alias Finger von Poseidons Dreizack Kassandra und Sithonia. Die rechte Landzunge Athos ist die nicht zugängliche Mönchsrepublik mit 20 Klöstern, die Teil des Welterbes der UNESCO sind.

Info

Camping Akti Retzika, Potamos, Epanomi 575 00, www.retzikas.gr

SIGHTSEEING

Schiffswrack am Strand von Epanomi

EINKEHRMÖGLICHKEITEN

Baba Beach Bar, Ποταμός, Epanomi 575 00; Fish Taverne, Epanomi 575 00

ACTION/AUSFLÜGE

Stadtbesichtigung von Thessaloniki und Ausflüge auf die Landzungen Kassandra und Sithonia

ANREISE

Auf der E75 bis zur Autobahn 1, dort in Richtung Thessaloniki und in der Stadt auf die 24 wechseln. Über kleinere Straßen nach Epanomi.

TOURIST-INFO

www.visit-halkidiki.org

41 Pilgern nach Santiago de Compostela

Campingreise auf dem Camino Francés

Natürlich handelt es sich nicht um eine klassische Pilgerreise, wenn wir mit dem Camper zum Wallfahrtsziel fahren. Aber warum nicht mal einen kleinen Eindruck davon in Nordspanien bekommen?

Der Camino Francés ist eine der wichtigsten Pilgerrouten in Europa und nicht erst populär, seit Hape Kerkeling auf dem Jakobsweg unterwegs war. Zahlreiche Zuwege in Europa führen zum Hauptweg und bilden ein Geflecht von Jakobswegen, die in den Pyrenäen in den Hauptweg münden. Dieser wird dann als Camino Francés von den Pyrenäen durch Nordspanien bis Galizien im Nordwesten Spaniens von den Pilgern genutzt. Auch aus touristischer Sicht ist die Strecke lohnenswert. Wir besuchen zahlreiche sehenswerte Orte, durchqueren eine interessante Landschaft und erreichen nach einer genussvollen Reise durch Nordspanien die Stadt Santiago de Compostela. Auch als Nicht-Pilger schauen wir uns hier selbstverständlich das eigentliche Wallfahrtsziel, die beeindruckende Kathedrale, an.

Bis zum Ende des Landes

Nicht erst im Ort stellen wir fest, dass sich beinahe alles rund um Jakobus den Älteren dreht, doch die Altstadt bietet auch touristisch einen schönen Anblick mit ihren kleinen Gassen und zahlreichen Einkehrmöglichkeiten. Vom Campingplatz im Norden von Santiago de Compostela ist die Altstadt in gut 20 Minuten zu Fuß zu erreichen. Ein Katzensprung also im Vergleich zu den Pilgern, die die gesamte Strecke ab den Pyrenäen zu Fuß unternommen haben. Viele von ihnen gehen sogar noch einen Schritt weiter und pilgern bis zum Leuchtturm auf der Halbinsel Fisterra, rund 60 Kilometer weiter westlich. Ein guter Grund für uns, nach dem Aufenthalt in der Stadt ebenfalls nochmal den Motor anzuschmeißen und die landschaftlich schöne Landzunge in Augenschein zu nehmen. Gleichzeitig stehen wir mit unserem Wohnmobil damit am westlichsten Punkt des spanischen Festlands. Hier geht es nun wirklich nicht mehr weiter.

↗ Nach dem Pilgern kommt das Schlendern durch die Altstadtgassen.
← Wallfahrtsziel für alle Pilger auf dem Jakobsweg ist die Kathedrale von Santiago de Compostela.

Info

Camping As Cancelas, 15704, Rúa do Vintecinco de Xullo, 35, 15703 Santiago de Compostela, www.campingascancelas.com

SIGHTSEEING
Kathedrale von Santiago de Compostela, Stadtrundgang; Pilgermuseum, Praza das Praterías, 2, 15704 Santiago de Compostela, www.museoperegrinacions.xunta.gal; Museo del Pueblo Gallego, Costa de San Domingos, s/n, 15703 Santiago de Compostela, www.museodopobo.gal

EINKEHRMÖGLICHKEITEN
Grillrestaurant am Platz, Churrasqueira A Grella, Rúa do Vintecinco de Xullo, 35, 15703 Santiago de Compostela, www.agrella.es; Casa Marcelo, Rúa das Hortas, 1, 15705 Santiago de Compostela

ACTION/AUSFLÜGE
Ausflug zum Kap Fisterra, dem westlichsten Punkt Spaniens und dem letzten Ort der Jakobspilger

ANREISE
Entlang des Jakobswegs zahlreiche Landstraßen mit Nummerierungen, denen man bis Santiago de Compostela folgt.

TOURIST-INFO
www.spain.info, www.turismo.gal

42 Reise zur Unvollendeten in Barcelona

Camping bei einer der beliebtesten Städte Europas

Auch die Reise durch Spanien ist unvollendet, wenn man lediglich in Barcelona bleibt. Immerhin liegt die Stadt kurz hinter der französischen Grenze, ist aber dadurch schnell und einfach zu erreichen.

Der Campingplatz Masnou hat alles, was man sich erhofft: Schattige Bäume, eine zentrale Lage, eine komplette Ausstattung, und darüber hinaus ist der Platz ein guter Ausgangspunkt für eine Besichtigung Barcelonas. Einziger Wermutstropfen ist die nicht ganz so gute Zugänglichkeit zum Strand. Die Hauptverkehrsstraße und ein Bahngleis trennen das Mittelmeer vom Campingplatz. Aber der Badespaß ist hier ohnehin nur auf einen kleinen Strandabschnitt neben dem Jachthafen beschränkt. Und wir haben unser Wohnmobil ja auf dem Campingplatz abgestellt, um die nahe Stadt Barcelona zu besichtigen. Und damit haben wir für die nächsten Tage unseres Campingurlaubs schon jede Menge zu tun. Es gibt so viel Kultur und Sightseeing, dass wir gar nicht wissen, wo wir anfangen sollen und dass wir froh sind, dass das Wohnmobil sicher auf dem Campingplatz verwahrt ist.

Altstadtbummel in Barcelona

Die Bushaltestelle befindet sich gleich vor dem Campingplatz und ist nur eine von mehreren Möglichkeiten, mit dem öffentlichen Nahverkehr bis in das Zentrum von Barcelona zu gelangen. Bis zur berühmten und (noch) unvollendeten Sagrada Família ist es weniger als eine Stunde Fahrzeit. Nach der Besichtigung der von Antoni Gaudí entworfenen Kirche können wir natürlich weiter mit den öffentlichen Verkehrsmitteln fahren, aber auf den zweieinhalb Kilometern Fußweg, um in die Altstadt zu gelangen, sehen wir natürlich noch viel mehr von der Stadt. So zum Beispiel auch den Park Güell, der ebenfalls von Gaudí entworfen wurde. Die legendäre Rambla, die die Plaça de Catalunya

↗ Der Park Güell von Gaudí ist eine Farbenpracht mitten in Barcelona.

passiert, sowie die Kathedrale und die vielen Museen in der Altstadt sorgen dafür, dass wir einen erlebnisreichen Campingurlaub in Katalonien bzw. Barcelona verbringen und das restliche Land womöglich später erkunden – eine unvollendete Spanienreise halt.

Info

Camping Masnou, Carrer Camil Fabra, 33, 08320 Barcelona, www.campingmasnoubarcelona.com

SIGHTSEEING

Sagrada Família, Calle de Mallorca, 401, 08013 Barcelona, www.sagradafamilia.org; Einkaufsstraße Rambla in der Altstadt; Picasso-Museum, Carrer de Montcada, 15-23, 08003 Barcelona, www.museupicasso.bcn.cat; Stadtmuseum, Plaça del Rei, s/n, 08002 Barcelona, www.museuhistoria.bcn.es; Schifffahrtsmuseum, Av. de les Drassanes, s/n, 08001 Barcelona, www.mmb.cat

EINKEHRMÖGLICHKEITEN

Restaurant Chiringuito La Rotonda, 08320 El Masnou, www.chiringuitolarotonda.com; Restaurant La Santa, Port Esportiu de El Masnou, 74-75, 08320 El Masnou, www.lasantarestaurant.com

ANREISE

Auf der E15 ab der französischen Grenze bis zur C-60 nach Mataró. Dort am Kreisverkehr auf die Küstenstraße N-II und kurz hinter dem Jachthafen von Masnou rechts auf den Campingplatz.

TOURIST-INFO

www.spain.info,
www.barcelonaturisme.com

43 Mit dem Camper kurz vor Gibraltar

Die Sonne im Süden Spaniens erleben

Viel weiter südlich geht es in Spanien mit dem Wohnmobil nicht mehr. Denn da liegt noch Großbritannien im Weg. Und dennoch können wir mit einem Abstecher den südlichsten Punkt des Landes erreichen.

Nach langer Anreise quer durch Frankreich und fast durch ganz Spanien finden wir uns plötzlich vor der Grenze zum Vereinigten Königreich wieder. Der Campingplatz Sureuropa verrät es bereits mit seinem Namen, dass wir uns tief im Süden des Kontinents befinden. Mit großzügigen Parzellen, die auch Platz zum Ausfahren der Markise lassen, erfreut er uns, denn so haben wir in der sonnenverwöhnten Region auch Schatten: Nicht jede der Parzellen breitet sich unter Baumkronen aus, die die Hitze der Sonne abhalten. Dafür sind alle Flächen auf dem Platz mit Hecken voneinander abgegrenzt und bieten genug Raum für Privatsphäre. Und Grenze ist natürlich ein passendes Stichwort, denn wie eingangs erwähnt, befinden wir uns nahe der Grenze zu Gibraltar. Bei einem gemütlichen Spaziergang entlang der Promenade bzw. am Strand erreichen wir den Übergang zu Großbritannien nach gut einer Stunde.

Spannend ist hier vor allem der weltberühmte Flughafen, auf dem wir die Start- und Landebahn überqueren, um schließlich in die eigentliche Stadt zu gelangen. Der Höhepunkt Gibraltars ist aber im wörtlichen Sinne der Kalksteinfelsen, auf den wir hinaufsteigen können, um den spektakulären Anblick auf das Mittelmeer zu genießen. Wer es bequemer mag, nutzt die Seilbahn, aber das Betreten des Skywalks oder die Überquerung der Windsor-Hängebrücke sollte man sich auf keinen Fall entgehen lassen. Und dass man beim Spaziergang über den Felsen von Gibraltar an den zahlreichen Berberaffen vorbeikommt, ist selbstredend. Sie sind die einzigen wild lebenden Affen in Europa und der Legende nach fällt Gibraltar wieder an Spanien, wenn der letzte Affe verschwunden ist. Kein Wunder, dass unter Churchill weitere Affen aus dem nahen Marokko importiert wurden.

↗ Der berühmte Affenfelsen von Gibraltar ist schon von Weitem sichtbar.
← Großbritannien kann sich auch ganz mediterran zeigen, zumindest in Gibraltar.

Info

Camping Sureuropa, Camino Sobrevela, s/n, 11300 La Línea de la Concepción, Cádiz, www.asansull.org

SIGHTSEEING

Stadtzentrum in Gibraltar mit Affenfelsen und verschiedenen, kleineren Museen

EINKEHRMÖGLICHKEITEN

Las Cañas, Cam. Torrenueva, 122, 11300 La Línea de la Concepción, www.tucartamesuena.es; The Waterfront Restaurant, 1 Cormorant Wharf 4/5 Ragged Staff Wharf, Queensway Quay, GX11 1AA, Gibraltar

ACTION/AUSFLÜGE

Seilbahnfahrt auf den Felsen von Gibraltar; Skywalk mit Panoramablick; Spaziergang über die Windsor-Hängebrücke; Stadtbesichtigung von Algeciras, Ausflug nach Tarifa zum südlichsten Punkt des spanischen Festlands

ANREISE

Auf der Autobahn 7 stets in Richtung Süden und weiter auf E-15 und E-383 bis Santa Margarita. Hinter dem Kreisverkehr links in Richtung Strand und Camping.

TOURIST-INFO

www.visitgibraltar.gi

44 Traumurlaub im nordspanischen Llanes

Campingträume zwischen Meer und Bergen

Es muss nicht immer der Süden Spaniens sein. An der Küste im Norden erwarten uns tolle Buchten, raue Felsen, schöne Städte und ein fantastisches Gebirge nahe dem Atlantik.

Steil fällt die Küste an der Bucht von Biskaya ab, was dem Campingurlauber ein Vergnügen ist. Denn auch der Campingplatz fällt steil ab und die Parzellen sind terrassenförmig angelegt, sodass fast jeder einzelne Gast einen freien und tollen Blick auf das Meer genießt. Inmitten grüner Landschaften, die beinahe an Irland erinnern, begeistert der Campingplatz mit viel Ruhe, Natur und sogar einem eigenen Strand. Dieser ist nach einem steilen Abstieg zu erreichen und zwischen den schroffen Felsformationen rechts und links nicht besonders groß. Aber er reicht, um einen genussvollen Badeurlaub zu erleben, bei dem die langgestreckten Wellen bis weit auf den feinen Sandstrand rollen. Mehr als ungewöhnlich ist außerdem die Sanitäreinrichtung. Man kann sie als

← Stadtbild von Santander in Nordspanien
↗ Rau und schön zugleich zeigt sich die nordspanische Küstenlandschaft.

naturnah bezeichnen, denn sie ist in die Felswände eingebaut worden. Entweder schaut man bei der Körperreinigung also auf den Duschvorhang oder auf die schroffe Felswand. Hat man auch nicht überall.

Doch das Meer ist nicht alles, was die Region bieten kann. Der Platz befindet sich auf halber Strecke zwischen Santander und Gijón. Selbst Oviedo und Bilbao mit seinem architektonisch sehenswerten Guggenheim-Museum sind bei einem Tagesausflug über die nahe Autobahn noch gut erreichbar. Doch der Höhepunkt, im wahrsten Sinne des Wortes, ist der Nationalpark Los Picos de Europa. Das Gebirge ragt mit dem Torre de Cerredo über 2600 Meter in die Höhe und ist mit seinen vielfältigen Wäldern auch als ein Biosphärenreservat der UNESCO geschützt. Zahlreiche Wanderwege ermöglichen es uns, weite Teile des Nationalparks kennenzulernen und dabei die tollen Aussichten von den Gipfeln zu genießen. Die nordspanische Küste der Biskaya lässt sich von dort oben jedoch nur erahnen.

Info

Camping La Paz, 33597 Llanes, www.campinglapaz.com

SIGHTSEEING
Stadtbesichtigungen von Santander und Gijón

EINKEHRMÖGLICHKEITEN
Asturisches Restaurant Parrilla El Chispero, 33598 Pendueles, www.restaurantechispero.es; Casa El Rubiu, Lugar Vidiago, 14, 33597 Vidiago

ACTION/AUSFLÜGE
Wandertouren im Gebirge und Nationalpark Los Picos de Europa

ANREISE
Auf der Autobahn 8 ab Bilbao bis zur Ausfahrt nach Pendueles. Am Kreisverkehr die zweite Ausfahrt nehmen und über die schmale Zufahrt zum Campingplatz.

TOURIST-INFO
www.spain.info

45 Mit dem Camper bis Lissabon

In der Hauptstadt und doch im Grünen

Einmal das Wohnmobil stehenlassen und sich mit der berühmten Linie 28 auf und ab durch Lissabons enge Gassen fahren lassen oder mit dem Fahrstuhl die unterschiedlich hohen Stadtviertel kennenlernen.

Portugals Hauptstadt Lissabon hat so viel zu zeigen, dass eine Nacht auf dem Campingplatz viel zu wenig ist. Praktischerweise hat die Stadt einen Campingplatz in einer relativ guten Lage. Er ist von Grün umgeben und mit öffentlichen Verkehrsmitteln gelangt man einfach in die Altstadt. Die gute Erreichbarkeit des Platzes hat natürlich die Kehrseite, dass Verkehrslärm von der nahe gelegenen Autobahn zu hören ist. Aber bei einem Aufenthalt in einer Großstadt wie Lissabon sollte uns das nicht kümmern. Denn wir sind zur Stadtbesichtigung auf dem Campingplatz und nutzen diesen ohnehin nur zur Übernachtung. Naturgenuss erleben wir in Portugal an vielen anderen Stellen. Daher machen wir es den vielen anderen Gästen des Platzes gleich und lassen uns frühmorgens in die wuselige Altstadt bringen.

Kultfahrt mit der Linie 28

Die vielen Plätze im Zentrum lockern die Altstadt mit ihren engen Gassen auf. Manche Gassen sind sogar mit Fahrstühlen und Standseilbahnen verbunden, so zum Beispiel mit dem Elevador de Santa Justa. Der sehenswerte Aufzugsturm wird gleich nebenan von Häusern flankiert und auch die berühmte Straßenbahnlinie 28 erobert sich mit ihren historischen Wagen die Sträßchen und ächzt dabei auch noch jede Menge Höhenmeter hinauf und wieder hinab. Hinaufzufahren oder zu spazieren ist ohnehin eine gute Wahl. So gelangt man nämlich zu den Miradouro genannten Aussichtspunkten, von denen man tolle Aussichten über die Stadt erlebt. Die schönste und bekannteste Aussicht genießen wir vom Castelo de São Jorge, wo wir auch den breiten Fluss Tejo erblicken. Dieser zeigt sich unter anderem mit der Ponte Vasco da Gama, die mit mehr als zwölf Kilometern die längste Brücke innerhalb der Europäischen Union bildet.

↗ Die gelben Straßenbahnen sind aus dem Stadtbild nicht wegzudenken.
← In Lissabon fährt man zwischenzeitlich auch mit öffentlichen Fahrstühlen.

Info

Lisboa Camping & Bungalows, Estr. da Circunvalação, 1400-061 Lisboa, www.lisboacamping.com

SIGHTSEEING
Castelo de São Jorge, R. de Santa Cruz do Castelo, 1100-129 Lisboa, www.castelodesaojorge.pt; Teatro Romano, R. de São Mamede 3 A, 1100-532 Lisboa, www.museudelisboa.pt; Elevador de Santa Justa, R. do Ouro, 1150-060 Lisboa, www.carris.pt, Praça do Comércio und Praça Dom Pedro IV

EINKEHRMÖGLICHKEITEN
Bar do Esquilo am Platz, Estr. das Oliveiras de Baixo 1500, Lisboa; Restaurant Monsantos, Estr. da Circunvalação, 1400-061 Lisboa, www.monsantosopenair.pt

ACTION/AUSFLÜGE
Fahrt mit der historischen Straßenbahn Linie 28 zwischen Martim Moniz und Campo Ourique

ANREISE
Auf der E1 bis zum Autobahnkreuz mit der A36. Dieser folgen und sie an der nächsten Ausfahrt verlassen. Weiter der Beschilderung folgen.

TOURIST-INFO
www.visitlisboa.com; www.visitportugal.com

46 Küstenurlaub an der wunderbaren Algarve

Zur letzten Bratwurst vor Amerika

Die Algarve ist das südliche Pendant zum norwegischen Nordkap – ein Traumziel für zahlreiche Wohnmobilisten, das mit malerischen Buchten inmitten schroffer Felsen tolle Urlaubserinnerungen schafft.

Doch nur wenige Campingplätze liegen direkt am Wasser, was der Steilküste westlich der Stadt Faro jedoch zugutekommt. Dafür befinden sich im Hinterland, und hier reden wir nur von wenigen Kilometern bis zum Wasser, jede Menge Übernachtungsangebote für Camper. Diese haben teilweise eine so gute Ausstattung, dass man gut und gerne auch mal einen ganzen Tag einfach nur auf dem Campingplatz verbringen möchte. So zum Beispiel auf dem Turiscampo nahe der Ortschaft Luz bei Lagos. Das Wohnmobil steht hier schattig unter Baumkronen, ein Luxus, den man nicht auf jedem portugiesischen Campingplatz erwarten sollte. Und wenn das mit der Abkühlung noch nicht ausreicht, dann bleibt auch immer noch der großzügig angelegte Pool gleich neben der Terrasse des Restaurants. Aber schon bei der Einfahrt kommen Urlaubsfreuden auf. Denn die Zufahrt zur Schranke des Platzes wird von mächtigen Palmen flankiert und man weiß, man ist nach einer Fahrt quer durch Europa endlich angekommen.

Fantastische Küstenlandschaft

Doch kaum haben wir mal ein paar entspannte Tage auf dem Campingplatz verbracht, werden wir schon wieder unruhig. Immerhin sind wir an der Algarve und wollen das Meer sehen. Am einfachsten funktioniert das in der fünf Kilometer entfernten Hafenstadt Lagos, die man ganz nebenbei auch noch erkundet. Zu Fuß gelangt man von dort auch zur Landzunge Ponta da Piedade. Höhlen, Steinbögen und kleine Buchten erfreuen uns unterhalb des Leuchtturms mit einer bizarren Felsenwelt. Kurios wird es dann noch ein ganzes Stück weiter westlich. Auf einer weiteren Landzunge, dem wunderschönen Cabo de São Vicente bei Sagres, stoßen wir nämlich auf die letzte Bratwurst vor Amerika. Deutsche Auswanderer haben

↗ **Auf felsigen Klippen erhebt sich der Leuchtturm von Lagos.**

hier den zum Kult gewordenen Imbisswagen aufgestellt und vergeben sogar Zertifikate, dass man hier eine echte Bratwurst kauft. Der Imbiss hatte schon mehrere TV-Auftritte und so kann es passieren, dass man beim Bratwurstgenuss gefilmt wird.

Info

Algarve Turiscampo, N125, 8600-109 Lagos, www.yellohvillage-turiscampo.com

SIGHTSEEING

Castelo de Lagos, R. Bombeiros Voluntários de Lagos 18, 8600-315 Lagos; Farol da Ponta da Piedade Lagos

EINKEHRMÖGLICHKEITEN

The Palmeiras Restaurant Bar Cafe, Estr. EN125, Lagos, auf dem Campingplatz; Letzte Bratwurst vor Amerika, N268, www.letztebratwurst.com

ACTION/AUSFLÜGE

Letzte Bratwurst vor Amerika, Landspitze Cabo de São Vicente, Stadtbesichtigung von Faro

ANREISE

Auf der E1 bis zur A22. Dort westlich in Richtung Lagos und auf der N125 weiter gen Westen. Der Platz erscheint kurz nach Verlassen des Ortes auf der rechten Seite.

TOURIST-INFO

www.visitalgarve.pt; www.visitportugal.com

Hübsch flaniert es sich in Lagos an der palmenbewachsenen Hafenpromenade.

Days of Adventure
VIA SAGRES

47 Überblick über das gesamte Land San Marino

Das vielleicht campingfreundlichste Land Europas

Es ist nicht nur ein Stadtrundgang, wenn man in San Marino durch die Gassen schlendert. Es ist ein Erlebnis, wenn man dabei von der Stadtmauer aus das gesamte Land überblicken kann.

Man kann das Land San Marino zu den wohnmobilfreundlichsten Staaten des Kontinents zählen. Auf so wenig Fläche kommen erstaunlich viele Übernachtungsmöglichkeiten für Camper. Zugegeben, es existiert nur ein Campingplatz, doch dafür hält ausgerechnet die hügelige Hauptstadt mehrere offizielle Wohnmobilstellplätze bereit. Da kann sich so manch ein größeres Land in Europa ruhig eine Scheibe abschneiden. So etwas wünscht man sich als Wohnmobilist häufiger. Von den Stellplätzen aus, besonders von dem auf P11, ist man schnell zu Fuß in der Altstadt. Entweder wählt man den etwas anstrengenderen Aufstieg über zahlreiche Treppen oder man fährt entspannt mit dem öffentlichen Fahrstuhl. Auf anderen Plätzen ist es wiederum nur ein kurzer Spaziergang zur Talstation der Seilbahn. Eine kurze Fahrt später und schon ist man ebenfalls oben an einem der vielen Aussichtspunkte der Stadt.

Wanderung durch das ganze Land

Die Kehrseite der Medaille ist, dass die Wohnmobilstellplätze gar nicht oder nur mit dem Nötigsten ausgestattet sind. Auf P11 gibt es Strom und eine Ver- und Entsorgungsstation, auf anderen Plätzen darf man lediglich übernachten. Aber immerhin. Wer mehr Komfort benötigt, der sollte kurz nach dem Grenzübertritt auf der einzigen Hauptstraße von Italien nach San Marino rechts bleiben und den dortigen Campingplatz wählen. Auch von dort kann man die Talstation in einer knappen Dreiviertelstunde Fußweg erreichen. Wer den gesamten Hügel der Hauptstadt zu Fuß erklimmen möchte, überwindet auf einer Strecke von fast fünf Kilometern etwas weniger als 500 Höhenmeter. Dabei lernt man

↗ Von San Marino blickt man rundherum in das Nachbarland Italien.

unterwegs einen großen Teil des Landes kennen. Zwergstaat halt. Belohnt wird man dafür mit einer malerischen Altstadt und einer Aussicht von den Türmen der Stadtbefestigung.

Info

Centro Vacanze San Marino, Strada di S. Michele, 50, 47893, San Marino, www.centrovacanzesanmarino.com

SIGHTSEEING
Basilika, Stadtbefestigung und Türme auf dem Monte Titano; Kuriositätenmuseum, Salita Alla Rocca, 26, 47890 Città di San Marino, www.museodellacuriosita.sm; San Marino Museum, Contrada S. Francesco, 2, 47890 San Marino di Urbino, www.sanmarinosite.com; Foltermuseum, Porta San Francesco, 2, 47890 Città di San Marino, www.thetorturemuseum.it; Palazzo Pubblico, Contrada del Pianello, 47890 Città di San Marino, www.museidistato.sm

EINKEHRMÖGLICHKEIT
Restaurant Garden San Marino, Strada di S. Michele, 50, 47893 Cailungo, San Marino

ACTION/AUSFLÜGE
Tages- und Badeausflug an die Adria in Rimini

ANREISE
Auf der E55 in Italien bis kurz vor Rimini. Dort auf die SS72 wechseln und nach San Marino einreisen. Im Land halbrechts auf die Via Ranco und der Beschilderung folgen.

TOURIST-INFO
www.visitsanmarino.com

Farbenfrohe Kuppeln
der Basilika in Moskau

Camping in Südosteuropa

Manche Reiseziele, die gar nicht so fern liegen, sind auch heute noch immer ein wenig exotisch. Erst recht, wenn man mit dem Wohnmobil dort übernachtet und dabei nicht die sonst übliche Infrastruktur erwarten darf.

Dabei sollte der Osten Europas nicht exotisch sein, denn im Grunde ist es die Mitte des Kontinents. In Litauen liegt zum Beispiel der geografische Mittelpunkt Europas. Nicht weit von dort entfernt übernachtet man auf einem Campingplatz und geht am nächsten Tag auf Städtetour in Vilnius. Auch in anderen Teilen Osteuropas kann man wunderbar die Groß- und Hauptstädte ansteuern. Selbst Moskau bietet einen Campingplatz, von dem aus man mit der Metro schnell am Roten Platz ist. Belgrad hat gleich mehrere Campingangebote und in Prag campt man auf einer Insel in der Moldau, gleich neben der Altstadt. Doch es müssen nicht immer die Städte sein, wie zum Beispiel Polen beweist. Die Masurische Seenplatte ist ein Traum an Landschaft und Campingmöglichkeiten, während man vom slowenischen Save-Tal aus das wunderbare Triglav-Gebirge erkunden kann.

48 Sightseeing im lettischen Riga

Camping bei den Bremer Stadtmusikanten

Eine tolle Skyline der Altstadt, ein gemütlicher Spaziergang an der Flusspromenade und ein Besuch bei den Bremer Stadtmusikanten. Nein, wir sind nicht an der Weser, sondern an der Düna in Riga.

Ķīpsala ist der Name der Insel, auf der wir unser Campingfahrzeug abstellen. Das langgestreckte Eiland wird im Westen von einem kleinen Fluss begrenzt, während auf der Ostseite das Wasser der über 1000 Kilometer langen Düna in Richtung Ostsee fließt. Natürlich passt ein Fluss dieser Größe nicht alleine in das überschaubare Lettland hinein. Die Düna, auf Lettisch Daugava, entspringt in Russland. Vom relativ einfachen Campingplatz, es ist halt ein klassischer Stadtcampingplatz mit den notwendigsten Anforderungen, erreichen wir die Altstadt von Riga in gerade mal einer halben Stunde zu Fuß. Einen großen Teil der Strecke legen wir dabei auf der letzten Daugava-Brücke zurück und genießen schon beim Spaziergang über das Bauwerk den Anblick der lettischen Hauptstadt. Die Altstadt breitet sich nämlich am gegenüberliegenden Ufer aus und bietet allerlei Sehenswürdigkeiten auf engstem Raum. Denn obwohl Riga als das größte Ballungsgebiet des gesamten Baltikums bezeichnet wird, ist das historische Zentrum gar nicht so groß und kann spielend an einem Wochenende erkundet werden.

Gemütlicher Altstadtrundgang

Zu sehen gibt es sehr viel Jugendstilarchitektur, mit der die Stadt einen Eintrag in die Weltkulturerbeliste der UNESCO errang. Aber auch die Gotteshäuser dominieren die Altstadt, allen voran der Dom und die Petrikirche, deren Kirchturmspitze wir mit einem Fahrstuhl erreichen können. Ein toller Ausblick erwartet uns von oben. Gleich hinter der Petrikirche blicken wir erstaunt auf die vier Bremer Stadtmusikanten, ein Geschenk der norddeutschen Partnerstadt. Nur wenige Schritte sind

↗ Blick von der Geburtskathedrale in Richtung Altstadt von Riga

es vom Kirchenportal zum zentralen Platz der Altstadt. Der Rathausplatz ist mit dem wieder errichteten Schwarzhäupterhaus das Wahrzeichen der lettischen Stad. Von diesem aus ist es wiederum nur ein kurzer Weg, um am Ufer der Düna zu flanieren.

Info

Riga City Camping, Ķīpsalas iela 8, Kurzemes rajons, Rīga, LV-1048, www.rigacamping.lv

SIGHTSEEING
Schloss Riga, Pils laukums 3, Centra rajons, Rīga, LV-1050, www.president.lv; Lettisches Architekturmuseum, Mazā Pils iela 19, Centra rajons, Rīga, LV-1050, www.archmuseum.lv; Nationales Kunstmuseum, Jaņa Rozentāla laukums 1, Centra rajons, Rīga, LV-1010, www.lnmm.lv; Freiheitsdenkmal; Geburtskathedrale, Brīvības bulvāris 23, Centra rajons, Rīga, LV-1050; Nationaloper, Aspazijas bulvāris 3, Centra rajons, Rīga, LV-1050

EINKEHRMÖGLICHKEITEN
Restaurant Fabrikas, Balasta dambis 70, Kurzemes rajons, Rīga, LV-1048; Café Vecais Ezītis Miglā, Palasta iela 9, Centra rajons, Rīga, LV-1050, www.ezitis.lv

ACTION/AUSFLÜGE
Fahrt mit dem Aufzug im Kirchturm der Petrikirche

ANREISE
Auf der E77 bis Riga und der A10 in Richtung Jūrmala folgen. Am großen Autohaus rechts und längere Zeit auf der Lielirbes iela fahren. Hinter dem doppeltürmigen Hochhaus und vor der Düna rechts abfahren und auf Ausschilderung zum Campingplatz achten.

TOURIST-INFO
www.latvia.travel

49 Auf der Apfelinsel nördlich von Vilnius

Camping im Mittelpunkt Europas

Der südlichste der drei baltischen Staaten überzeugt jeden Campingurlauber mit einer Vielzahl an Campingplätzen, jeder Menge Sehenswürdigkeiten und einer relativ guten Anreisemöglichkeit, die nur wenige Kilometer Strecke bedeutet.

Denn Litauen ist flächenmäßig bekanntlich sehr klein und anstelle der langen Anfahrt über Land durch Polen fahren wir bequem nach Kiel, steuern das Wohnmobil auf die Fähre und lassen uns in die litauische Hafenstadt Klaipėda befördern. Den Rest der Strecke schafft man gut an einem Vormittag, wenn man nicht auf dem Weg durchs Land noch die verschiedenen Sehenswürdigkeiten aufsuchen möchte. Gleich nach der Ankunft haben wir die Möglichkeit, direkt auf die nächste Fähre zu wechseln und uns die wunderbare Landschaft der Kurischen Nehrung anzusehen, die sich mit einer der höchsten Dünen Europas präsentiert. Auch für die weiten Strände bei Palanga auf dem litauischen Festland kann man sich noch ein bisschen mehr Zeit nehmen. Genauso wie man auf dem weiteren Weg ins Landesinnere einen kleinen Umweg über Šiauliai machen sollte, wo sich der Berg der Kreuze als kleiner Hügel entpuppt, mit seiner sechsstelligen Anzahl von Kreuzen jedoch eine ganz besondere Sehenswürdigkeit ist.

Letztendlich landen wir nach einer Fahrt quer durch das gesamte Land nördlich von Vilnius, der litauischen Hauptstadt, auf einem Campingplatz namens Apfelinsel. Hier können wir es uns für einige Tage gut gehen lassen und die weiteren Reiseziele im Rahmen von Tagesausflügen erkunden und besichtigen. Auch der Campingplatz selbst ist eine kleine Sehenswürdigkeit. Der Name ist nämlich Programm. Der Platz erstreckt sich nicht nur bloß über einen Teil einer Insel, sondern umfasst sogar ein ganzes Eiland im See Grabuostas. Auch der Teil mit den Äpfeln entspricht der Realität, denn der litauische Wissenschaftler Pranciškus Baltrus Šivickis erwarb einst die Insel, nachdem er nach Aufenthalten

→ Der polnische Nationaldichter Adam Mickiewicz vor der gotischen Kirche in Vilnius

in den USA und auf den Philippinen nach Litauen zurückkehrte, und pflanzte mit und für seine Studierende hundert verschiedene Apfelsorten, sowohl aus privatem als auch aus beruflichem Interesse. Heute ist die Insel zwar ein Campingplatz, und das Haus, in dem der Professor einst lebte, dient als Rezeption und Sanitärgebäude für die Campinggäste, aber an den Bäumen lassen sich noch immer jedes Jahr Tausende Äpfel pflücken.

Von Äpfeln und Altstädten

Eines der Ausflugsziele liegt ab dem Campingplatz in kurzer Reichweite. Nur eine knappe halbe Stunde fährt man bis zum geografischen Mittelpunkt Europas. Wo wir doch eigentlich gefühlt so weit im Osten sind, campen wir dennoch gerade einmal im Zentrum des Kontinents. Errechnet wurde der Mittelpunkt am nationalen geografischen Institut in Frankreich. Die Litauer haben es sich natürlich nicht nehmen lassen, diesen Ort mit einem Denkmal zu markieren. Wenn wir der Straße weiter nach Süden folgen, ist es nur noch ein kurzes Stück, bis wir uns in Vilnius auf Parkplatzsuche begeben und die sehenswerte Innenstadt besichtigen. Unterhalb des kleinen Burgbergs mit seiner Burgruine erhebt sich die Kathedrale von Vilnius, die besonders durch ihren freistehenden und runden Glockenturm Aufmerksamkeit erfährt. Vom Kathedralsplatz aus spazieren wir genüsslich durch das lebhafte Stadtzentrum, passieren den weiten Rathausplatz und erreichen am anderen Ende der Altstadt das Tor der Morgenröte, wo ein jeder Litauer anhält und sich bekreuzigt und den Blick nach oben zur Schwarzen Madonna richtet.

Nur ein Katzensprung ist es von Vilnius bis zur nächsten Ortschaft. Trakai ist zwar deutlich kleiner, lockt aber mindestens genauso viele Besucher in den

Tipp

Ein weiteres Reiseziel, das man bei der Anreise durch Polen nicht versäumen sollte, nennt sich Grūtas-Park. In der privaten Anlage werden ehemalige Denkmäler gezeigt, die einst in der Sowjetunion aufgestellt waren und nach dem Zusammenbruch des Staates demontiert wurden. So wandelt man heute zwischen Lenin- und Stalinbüsten durch den kleinen Park bei Druskininkai.

Litauen ist das Land der kurzen Wege. Man ist von einem Ort zum anderen nicht lange unterwegs.

Ort. Grund hierfür ist die imposante Wasserburg Trakai. Mit ihrer Lage auf einer der vielen Inseln im See und den mächtigen Rundtürmen ist sie nicht nur zu einem der Wahrzeichen Litauens geworden und ein beliebtes Fotomotiv, sondern wirkt auch heute noch wehrhaft.

Wenn man nicht einen der anderen Campingplätze der Region ansteuert, kann man als letzte größere Stadt ab dem Campingplatz Apfelinsel noch einen Ausflug nach Kaunas machen. Zwischen einer weiteren mittelalterlichen Burganlage und einem sehenswerten Rathaus erstreckt sich eine weitere Altstadt mit historischen Bauten und interessanten Museen, die mit gutem Grund zur Kulturhauptstadt des Jahres 2022 ausgewählt wurde.

↑ Ausblick vom Burghügel über die Hauptstadt Vilnius
↙ So entspannt kann das Abendleben in Litauens Hauptstadt sein.

Info

Holiday Park Obuoliu sala – Camping Apfelinsel, Salos g 3, Žalvariai 33284, www.appleisland.lt

SIGHTSEEING

Geografisches Zentrum von Europa, Purnuškės; Stadtrundgang durch Vilnius mit Kathedrale und Schwarzer Madonna; Bernardiner-Kirche, Maironio g. 10, Vilnius 01124, www.bernardinuparapija.lt; Museum für Moderne Kunst MO, Pylimo g. 17, Vilnius 01141, www.mo.lt; Museum der Opfer des Genozids, Aukų g. 2A, Vilnius 01400, www.genocid.lt, Wasserburg Trakai, www.trakai-visit.lt

EINKEHRMÖGLICHKEITEN

Restaurant Etno Dvaras, Pilies g. 16, Vilnius 01123, www.etnodvaras.lt; Restaurant Gabi, Šv. Mykolo g. 6, Vilnius 01124, www.restoranasgabi.lt

ACTION/AUSFLÜGE

Ausflug nach Kaunas

ANREISE

Mit der Fähre ab Kiel nach Klaipėda, auf der E85 bis Vilnius, weiter auf der A14 und Nebenstraßen nach Norden.

TOURIST-INFO

www.lithuania.travel

50 Inselhopping vor Estland

Erholsamer Campingurlaub mit Hauptstadtbesuch

Völlig abgeschieden erholt man sich auf den beiden estnischen Inseln Saaremaa und Hiiumaa, wo weite Wälder und lange Sandstrände Campinggenuss par excellence bieten.

Es mag erstaunen, aber trotz der geringen Größe des nördlichsten Landes im Baltikum stellt Estland seine Besucher und Touristen vor die Qual der Wahl, wohin man zuerst reisen möchte oder auf was man eher verzichten mag, wenn man nicht ganz so viel Zeit hat. Denn während in den meisten Ländern üblicherweise Urlauber an die Küste fahren, so kann Estland auch mit einem tollen Hinterland punkten. Gerade im Südosten ist die Landschaft absolut reizvoll. Sie ist von sanften Hügeln geprägt, es gibt kleinere Flusstäler und ganz im Osten lockt der Peipusee, der schon beinahe wie ein kleines Meer wirkt. Auch der höchste Gipfel des gesamten Baltikums erhebt sich im südöstlichen Estland. Der Suur Munamägi ist allerdings nur etwas mehr als 300 Meter hoch und stellt uns daher vor keine alpinen Herausforderungen. Schön ist das Panorama von dem Aussichtsturm auf dem Gipfel dennoch. Apropos Aussichtstürme, die gibt es auch östlich der Hauptstadt Tallinn und zwar im Lahemaa-Nationalpark. Dort schaut man jedoch nicht auf eine hügelige Landschaft, sondern auf weite Moorebenen, die man nur auf Holzbohlenwanderwegen durchqueren

Tipp

Zwischen Tallinn und den Fähren zu den Inseln warten noch weitere Sehenswürdigkeiten. In Padise gibt es zum Beispiel noch eine Klosterruine zu besuchen, in Haapsalu eine weitere Burg und für Technikfans ein Eisenbahnmuseum, und nicht zu vergessen wäre da der Nationalpark Soomaa sowie der kleine Wasserfall bei Keila-Joa.

→ In Tallinn sind einige mittelalterliche Bauten sehr gut erhalten.

Im malerischen Tallinn fühlt man sich in das Mittelalter zurückversetzt.

kann. Wer hier unterwegs ist, hat alles richtig gemacht.
Die Entscheidung, in welcher Ecke Estlands man sich aufhalten mag, wird auch noch durch die Hauptstadt erschwert. Sie ist zwar nichts für Naturfreunde, aber die Altstadt zeigt sich von einer ganz idyllischen und beinahe schon romantischen Seite. Der mittelalterliche Kern der Altstadt präsentiert sich mit zahlreichen Gassen rund um den Rathausplatz, wo nicht weit entfernt das Restaurant Olde Hansa schon fast ein Pflichtstopp bei einem Aufenthalt in der Stadt ist. Wer nicht einkehren möchte, sollte aber wenigstens bei den Ständen vor dem Lokal ein paar gebrannte Mandeln einkaufen, bevor er weiter durch die Stadt zieht. Zu sehen gibt es einen Teil der Stadtmauer, ein Denkmal zu Ehren der Verstorbenen des Estonia-Fährunglücks und eine weite Grünanlage, durch die wir automatisch zu Kiek in de Kök gelangen. Dieser Rundturm war einst von Soldaten besetzt, die einen guten Überblick über die Altstadt hatten. Daher gab man dem Turm diesen Namen, weil die Einwohner annahmen, die Soldaten würden ihnen in die Küche schauen können.

Naturerlebnisse auf den Inseln

Doch Südostestland und die Hauptstadt Tallinn sind nicht mal eben von den beiden Inseln aus zu erreichen. Wie gut, dass es in Tallinn zum Beispiel einen eigenen Wohnmobilstellplatz gibt. Aber wer für längere Zeit Urlaub an ein und demselben Ort Urlaub machen möchte, steuert möglicherweise den im Grünen gelegenen Campingplatz Tehumardi auf der Insel Saaremaa an. Sie ist die größere der Inseln und ein guter Ausgangspunkt, um den Hauptort des Eilands zu besuchen. Kuresaare ist natürlich deutlich kleiner als Tallinn, präsentiert dafür aber direkt an der Ostseeküste eine Burganlage, die sich nicht zu verstecken braucht.
Nur eine kurze Fahrt von dort entfernt erreichen wir einen kleinen, sogar sehr kleinen See. Er ist nicht zum Baden geeignet, sondern um einen Blick in die Vergangenheit der Erdgeschichte zu erhalten. Denn eigentlich ist es ein Krater, der Kaali-Krater, der sich mit Wasser gefüllt hat, nachdem er durch einen Meteoriteneinschlag entstand. Im liebevoll eingerichteten Museum gleich nebenan erhält man zahlreiche Informationen zu dem Ereignis und zu den Folgen des Impacts. Die beiden Inseln Saaremaa und Hiiumaa sollte man in einer Rundreise kombinieren. Bei einer kurzen Fährüberfahrt erreicht man

↗ Im Sommer zieht Käsmu im Nationalpark Lahemaa viele Urlauber an.
← In den Gassen von Estlands Hauptstadt kann man stundenlang flanieren.

die nördlichere und kleinere Insel, die nicht minder schön ist. Ihr Wahrzeichen sind nicht nur die weiten Wälder, in denen man stundenlang in Küstennähe spazieren gehen kann, sondern auch der Kõpu-Leuchtturm. Seine Besonderheit: Er erhebt sich nicht direkt an der Küste, sondern auf einer Halbinsel und ist mindestens zwei Kilometer von der Ostsee entfernt. Außerdem ist er einer der ältesten Leuchttürme der Welt, die noch in Betrieb sind. So verteilen sich die Sehenswürdigkeiten Estlands über das ganze Land und kaum jemand wird nur einen der vielen Campingplätze kennenlernen.

Info

Tehumardi Camping, Tehumardi Salme Village, Salme vald, 93201, 93201, www.tehumardi.ee

SIGHTSEEING

Altstadt von Tallinn mit Stadtmauer, Kiek in de Kök und Rathausplatz; Kaali-Krater, Kaali, 94143 Saare County, www.kaali.kylastuskeskus.ee; Kõpu-Leuchtturm, Mägipe, 92233 Hiiu maakond; Schloss Kuressaare, Lossihoov 1, Kuressaare, 93815 Saare maakond, www.saaremaamuuseum.ee

EINKEHRMÖGLICHKEITEN

Wio Burger, Vitsa, Tehumardi, 93222, www.wioburger.ee; Restaurant Olde Hansa, Vana turg 1, 10146 Tallinn, www.oldehansa.ee

ACTION/AUSFLÜGE

Besteigung der Aussichtstürme im Lahemaa-Nationalpark

ANREISE

Auf der E67 bis Tallinn, zuvor auf die Straße 9 abbiegen und nach Haapsalu, um dort mit der Fähre auf die Insel überzusetzen.

TOURIST-INFO

www.visitestonia.com

51 An der wunderschönen Bucht von Kotor

Campingurlaub am Fjord im Süden

Spiegelglattes Wasser, obwohl es sich eigentlich um ein Meer handelt, und malerische Altstädte bestimmen den Campingaufenthalt an der Bucht von Kotor, die wir mit dem Wohnmobil herrlich bequem umrunden können.

Wer sein Boot mit dabeihat, genießt auf dem Campingplatz Naluka die angenehme Möglichkeit, die Slipanlage nutzen zu können. Wohnmobilreisende ohne Wasserfahrzeug werden sich aber auch nicht unwohl fühlen. Ganz im Gegenteil. Der Platz ist sehr gut erreichbar und liegt direkt neben der Hauptstraße, die einmal rund um die Bucht von Kotor verläuft. Die Bucht wird oft auch als südlichster Fjord Europas bezeichnet und ein wenig erinnert die Landschaft tatsächlich an die Gebirgs- und Wasserkulissen in Norwegen. Auch hier in Montenegro ist die Bucht von hohen, grün bewachsenen Bergen umrahmt, die zum Teil sehr schroff gleich neben der Straße in die Höhe steigen. Die Straße verläuft einmal komplett um die gewundene Bucht. Zwei Engstellen bildet die Landschaft, an der sich die gegenüberliegenden Ufer sehr nahekommen und durch die die Schiffe hindurch fahren müssen, bis sie im letzten Winkel des Fjords bei Kotor angekommen sind.

Abkürzung mit der Fähre

Natürlich könnten wir an einer dieser Engstellen die kurze Fährüberfahrt nutzen. Doch dann würden wir die innere Bucht verpassen und gerade da liegt nicht nur unser Campingplatz, sondern auch das beliebte Reiseziel Kotor. Die Stadt ist nur eine von mehreren Ortschaften entlang der Strecke rund um die Bucht und bietet eine nette kleine Altstadt inklusive Befestigungsanlage direkt am Wasser. Am anderen Ende der Bucht erstreckt sich Risan als älteste Stadt am Fjord. Hier treffen wir sogar noch auf alte römische Spuren und haben die Möglichkeit, über eine steile Serpentinenstraße in die Höhe zu gelangen und von oben einen herrlichen Ausblick auf die Bucht genießen zu

↗ Fjorde gibt es nicht nur in Norwegen, sondern auch an der Adria.

können. Allerdings ist die Straße nicht für Wohnmobile geeignet und in einem schlechten Zustand, sodass wir lieber per pedes unterwegs sind und uns lieber für eine Wanderung entscheiden.

Info

Autocamp Naluka, E65, Kostanjica, Kotor

SIGHTSEEING
Bucht von Kotor; Römische Mosaike in Risan; Altstadt von Kotor mit Festungsanlage Kampana

EINKEHRMÖGLICHKEITEN
Restaurant Galion, Šuranj bb, Kotor 85330, www.galion.me; Restaurant Konona Scala Santa, Trg od Salate, Kotor, 85330; Ćatovića Mlini am Platz, E65, Morinj 85338, www.catovica-mlini.com

ACTION/AUSFLÜGE
Wanderung auf die umliegenden Berge; Küstenbesuch an der Einfahrt zur Bucht von Kotor; Altstadtrundgang durch Herceg-Novi

ANREISE
Von Kroatien kommend auf der Straße 8 über die Grenze bis Herceg-Novi und auf der E65 einmal rund um die Bucht. In der inneren Bucht dann auf den Campingplatz.

TOURIST-INFO
www.visit-montenegro.com

52 Zwischen Seen und Bergen bei Ohrid

Länderübergreifendes Camping auf dem Balkan

Nordmazedonien ist ein Binnenland und benötigt keine Küste. Mit zwei großen Seen, zwischen denen sich ein 1600 Meter hohes Gebirge inklusive Nationalpark auftürmt, ist es auch so ein tolles Urlaubsziel.

Der Ohridsee ist eine große Besonderheit, denn er gilt als der älteste See Europas und zählt zu den ältesten Seen der Welt. Wissenschaftliche Untersuchungen haben ergeben, dass der Ohridsee bereits seit fast eineinhalb Millionen Jahren existiert. Damals hatte es noch niemanden interessiert, dass der See zweigeteilt wird. Der südwestliche Bereich befindet sich in Albanien, was eine Umrundung des Gewässers ein wenig komplizierter, aber nicht unmöglich macht. Ganz im Gegenteil, auch auf albanischer Seite befindet sich ein Campingplatz, weshalb eine Campingtour rund um den See eine gute Idee ist. Denn noch sind Albanien und Nordmazedonien Geheimtipps, dabei ist die Landschaft auch in diesem Teil des Balkans fantastisch schön. Kleine Städte am Ufer mit sehenswerten historischen Bauten geben ihr Übriges hinzu. Am östlichen Ufer erhebt sich das Galičica-Gebirge, das von fast jeder Stelle des Ufers aus zu erkennen ist. Hier sollte man unbedingt mal die Straße mit den Spitzkehren hinauffahren.

← Ein Geheimtipp in Europa ist der Ohridsee zwischen Albanien und Nordmazedonien.

Vom See ins Gebirge

Denn einerseits befinden wir uns dann im Galičica-Nationalpark, der auch Teil des UNESCO-Welterbes ist, und andererseits haben wir von dort oben in 1600 Metern Höhe einen fantastischen Ausblick auf den Ohrid-See. Und nicht nur auf den, denn auf der östlichen Seite des Gebirges erstreckt sich auch noch der Prespasee, sodass wir gleich zwei Gewässer auf einmal erkennen können. Den Prespasee teilen sich die Nordmazedonier nicht nur ebenfalls mit den Albanern, sondern auch mit Griechenland. Das Dreiländereck aller Staaten liegt mitten im Wasser.

Unser Campingplatz befindet sich in wunderbarer Lage am Nordufer des Ohridsees und erlaubt uns weitere kürzere Ausflüge bis in den Hauptort Ohrid, der mit einer schönen, an einem Hang gelegenen Altstadt glänzt und einige kulturelle Highlights sowie natürlich auch wieder beste Ausblicke auf den See zu bieten hat. Hier sollte man auf keinen Fall den Aufstieg zur orthodoxen Klementkirche versäumen, wo der heilige Clement seit dem 10. Jahrhundert begraben liegt.

Info

Camping Site AS, Kej Boris Kidric/51 Struga, www.drim.com.mk

SIGHTSEEING

Ohrid-See; Altstadtrundgang durch Ohrid mit Besichtigung der Peribleptos-Kirche und den Überresten eines griechischen Amphitheaters

EINKEHRMÖGLICHKEITEN

Pizzeria Di Angelo, Petar Chaulev 31, Ohrid 6000, www.diangelo-ohrid.mk; Restaurant Aquarius, Vlado Maleski, Struga 6330, www.restaurantaquarius.com

ACTION/AUSFLÜGE

Rundfahrt um den Ohrid-See mit Besichtigung des albanischen Ufers; Auffahrt auf den Pass im Galičica-Gebirge im gleichnamigen Nationalpark und Weiterfahrt zum Prespasee

ANREISE

Anreise durch Serbien auf der A1 bis Skopje im Norden von Nordmazedonien und weiter auf der E65 bis zum See, rechts auf die A2 in Richtung Opština Struga.

TOURIST-INFO

www. tourismmacedonia.gov.mk

53 Wohnmobilreise nach Krakau

Zu einer der schönsten Städte Polens

Stundenlanges Flanieren, Einkehren und Shoppen; und das nur auf dem Marktplatz im südpolnischen Krakau. Hinzu kommen noch die Sehenswürdigkeiten in der Altstadt und außerhalb der Stadt.

In praktischer Lage präsentiert sich der Campingplatz im Süden Krakaus. Ausreichend große Parzellen auf Rasen, ein faires Preis-Leistungs-Verhältnis und eine gute Anbindung mit dem Bus in die traumhafte Altstadt gestalten diesen Platz zu einem guten Ausgangspunkt. Viel mehr sollten wir von diesem Übernachtungsangebot auch nicht erwarten. Wanderwege fallen aus und fußläufige Besuchsziele sind auch eher Mangelware. Aber wer braucht die schon, wenn er vor den Toren der Stadt Krakau nächtigt? Manch einer behauptet sogar, Krakau wäre die heimliche Hauptstadt Polens. Zumindest bietet sie eine Vielfalt an Sehenswürdigkeiten, von denen man sich bei einem mehrtägigen Aufenthalt überzeugen sollte. Am auffälligsten ist zunächst einmal die Wawelburg, die sich leicht erhöht am Ufer der Weichsel befindet. Sie bietet sowohl innen als auch in der Außenanlage viel Kultur und kann ganz nebenbei damit punkten, dass man von oben einen schönen Ausblick auf den Fluss hat, der hier eine Kurve bildet und an dessen Ufer Radler und Spaziergänger die Sonne genießen.

Reise in die Vergangenheit

Weniger genießen kann man die Sonne auf Planty, denn hierbei handelt es sich um einen breiten Grünstreifen, der mit dichten Baumkronen sozusagen die grüne Lunge Krakaus bildet. Entstanden ist Planty dort, wo einst die Stadtmauer verlief und daher führen die vielen Bäume heute als erholsame Grünanlage mit zahlreichen Sitzbänken einmal rund um die Altstadt. Immer wieder können wir von dem breiten Fußweg abzweigen, um in das Zentrum der Stadt zu gelangen. Dort spazieren wir auf Kopfsteinpflaster an zahlreichen Kirchen vorbei, lassen die rumpelnde Straßenbahn vorbeiziehen und haben die Wahl

→ Die Marienkirche auf dem Rynek besitzt zwei unterschiedlich hohe Türme.

RMF

zwischen Shopping in den vielen Geschäften und Souvenirläden oder Einkehren in einem der zahlreichen Straßencafés bzw. Restaurants. Beim Schlendern durch die Straßen kommen wir ganz automatisch zum Mittelpunkt der Altstadt, der sich als einer der größten Marktplätze Europas offenbart.

Die Auswahl in Krakau ist groß und so weiß man gar nicht, womit man eigentlich beginnen sollte.

Tipp

Aufregend ist ein Besuch vor den Toren der Stadt. In Wieliczka machen wir uns auf den Weg, unter Tage zu besichtigen und zu staunen. Das dortige Salzbergwerk lockt mit sehenswerten Höhlen und steht auf der Liste der Weltkulturerbestätten. Zahlreiche Tagestouren werden direkt ab dem Krakauer Zentrum angeboten.

Rynek, so der Name auf Polnisch, ist aber nicht nur eine große, weite Fläche, sondern wird von zwei bedeutenden Bauwerken dominiert. Mitten auf dem Platz breiten sich die Sukiennice aus, die Tuchhallen, die auch heute noch viele kleine Geschäfte beherbergen, in denen man Kunsthandwerk und natürlich auch Andenken aller Art erstehen kann. Im Gegensatz zum eher niedrigen Gebäude der Tuchhallen ragt das zweite markante Gebäude deutlich in die Höhe. Die Marienkirche am Rande des Platzes fällt nicht nur durch ihre Höhe auf, sondern auch wegen der ungewöhnlichen Bauform. Die beiden Kirchtürme des Gotteshauses sind deutlich unterschiedlich hoch und nicht nur das macht die Kirche so besonders. Auch für die Ohren gibt es eine besonders interessante Attraktion. Im nördlichen Turm befindet sich nämlich die Amtsstube des Hejnal-Trompeters. Zu jeder vollen Stunde sieht man ihn, wie er die Trompete nach außen richtet, um das Warnsignal names Hejnal zu trompeten. Das Besondere daran: Mitten im Signal bricht er ab, um dann am nächsten Fenster wieder von vorne zu beginnen. Das ist auf den Angriff der Tataren zurückzuführen, bei dem die Bevölkerung Krakaus zwar gewarnt wurde, der Trompeter aber mittendrin von einem Pfeil der Angreifer getroffen wurde.
Der Rynek beherbergt aber noch weitere Bauwerke wie den Rathausturm oder die kleine, recht unauf-

↗ Krakau ist ein architektonisches Juwel, egal, wo man hinschaut.
← Barbakan ist eine alte Wehranlage in Krakau.

fällige Kapelle im Süden des Platzes. Auch an ihnen fahren die Pferdekutschen vorbei, mit denen wir uns als Besucher durch die Stadt führen lassen können. Damit gelangen wir außerdem in das Stadtviertel Kazimierz, das als das historische jüdische Viertel nicht erst durch den Film *Schindlers Liste* bekannt wurde. Die tragische Geschichte der Juden in Polen verfolgen wir zudem bei einem der vielen Tour-Angebote, die uns zur Gedenkstätte nach Oświęcim, besser bekannt als Auschwitz, bringen. Starke Nerven braucht es, um durch die Anlage zu gehen, in der Millionen Menschen völlig unnötig ihr Leben verloren. Dennoch gehört der Besuch der KZ-Gedenkstätte zum Pflichtprogramm eines jeden Reisenden, der in Südpolen rund um die malerische Stadt Krakau unterwegs ist.

Info

Camping Korona, Myślenicka 32, 32-031 Gaj, www.camping-korona.com.pl

SIGHTSEEING
Altstadtrundgang durch Krakau mit Besichtigung vom Rynek und der Marienkirche; Wawelburg, Wawel 5, 31-001 Kraków, www.wawel.krakow.pl; Barbakan; Planty; Stadtviertel Kazimierz; Nationalmuseum, al. 3 Maja 1, 30-062 Kraków, www.mnk.pl, KZ-Gedenkstätte, Ofiar Faszyzmu 12, 32-600 Brzezinka, www.auschwitz.org

EINKEHRMÖGLICHKEITEN
Restaurant Dobra Kasza Nasza, Rynek Główny 28, 31-010 Kraków, www.dobrakaszanasza.pl; Kuchnia u Babci Maliny, Sławkowska 17, 31-016 Kraków, www.kuchniaubabcimaliny.pl

ACTION/AUSFLÜGE
Salzbergwerk Wieliczka, Daniłowicza 10, 32-020 Wieliczka, www.kopalnia.pl

ANREISE
Auf der Autobahn 4 bis Kraków und von dort auf die Straße S7 in Richtung Zakopane.

TOURIST-INFO
www.visitkrakow.com

54 Am Ostseestrand bei Danzig

Auf den Spuren düsterer Geschichte

Sanft rauscht die Ostsee an den feinen Sandstrand, der im Landesinnern von einem duftenden Kiefernwald begrenzt wird. Nur ein paar Schritte vom Womo ins Wasser – so wünscht man sich das.

← Danzig: Fachwerk- und Backsteinfassaden.
↗ Die Westerplatte, Symbol des polnischen Widerstands.

Der Campingplatz östlich von Danzig trägt die Nummer 114, ein Relikt aus sozialistischer Zeit, als sämtliche Campingplätze in Polen einfach nur durchnummeriert waren. So schlicht der Name, so schön aber die Landschaft, denn der Platz befindet sich mitten im Wald und nur wenige Meter vom feinen Ostseestrand entfernt. Idyllischer geht es kaum. Doch dass es an dieser Stelle nicht immer so idyllisch war, ist einerseits weltweit bekannt und andererseits auch noch rund um den Campingplatz deutlich sichtbar. Kaum haben wir die Anlage verlassen und streifen durch den Wald, stolpern wir beinahe über die Hinterlassenschaften des Zweiten Weltkrieges. Mehrere Bunkeranlagen und Stellungen erinnern an die schrecklichen Kriegsjahre. Doch dieses Thema gehört bei einem Campingurlaub bei Danzig dazu. Nur wenige Kilometer weiter westlich befindet sich auf einer Landzunge die Westerplatte, die den Ausgangspunkt des Zweiten Weltkriegs markiert. In den Morgenstunden des 1. September 1939 begannen die Angriffe durch die Besatzung des Schiffs Schleswig-Holstein auf ein Munitionsdepot auf der Westerplatte. Heute erinnert ein Denkmal an die damaligen Ereignisse.

Museumsbesuche in Danzig

Um sich weiter mit dem Thema zu beschäftigen, sollten wir auch dem Museum Zweiter Weltkrieg einen längeren Aufenthalt widmen. Es befindet sich am Rande der Altstadt und fesselt mit seiner modernen Ausstattung über mehrere Stunden. Den Rundgang durch die Altstadt von Danzig verschieben wir daher besser auf den nächsten Tag. Denn der hat es natürlich auch in sich. Durch eines von mehreren Toren spazieren wir in das Zentrum hinein und erleben in den Straßen rund um die Marienbasilika einen Trubel aus Geschäften, Souvenirläden und leckeren Restaurants.

Info

Camping Nr 114 Gdańsk, Wydmy 6, 80-656 Gdańsk/Danzig, www.osrodekprzywydmach.pl

SIGHTSEEING
Westerplatte mit Denkmal; Museum Zweiter Weltkrieg, plac Władysława Bartoszewskiego 1, 80-862 Gdańsk, www.muzeum1939.pl; Nationales Maritimes Museum, Ołowianka 9-13, 80-751 Gdańsk, www.nmm.pl; Bernsteinmuseum, Wielki Młyn, Wielkie Młyny 16, 80-849 Gdańsk, www.muzeumgdansk.pl

EINKEHRMÖGLICHKEITEN
Restaurant Plaża Stogi am Platz, 80–600 Gdańsk; Tawerna Dominikańska, Targ Rybny 9, 80-838 Gdańsk, www.tawernadominikanska.pl

ACTION/AUSFLÜGE
Ausflüge in das Seebad Sopot

ANREISE
Auf der E75 und S7 bis Danzig und dann die Ostumfahrung auf der Straße 89 sowie auf kleineren Nebenstraßen bis zur Küste.

TOURIST-INFO
www.visitgdansk.com

55 Erholung auf der Masurischen Seenplatte

Blaue Seen und grüne Wälder, so weit das Auge blickt

Eine Bilderbuchlandschaft erstreckt sich im Nordosten Polens und bietet uns so viele Ufer und Campingplätze zur Auswahl, dass wir hier Monate verbringen könnten.

Masuren macht es einem nicht leicht, allerdings im positiven Sinne. So viele Seen, weite Wälder, nette Ortschaften und dazwischen immer wieder Campingplätze, die mit viel Erholung und Natur locken. Eine Besonderheit sind dabei die sogenannten Pole Namiotowe. Dabei handelt es sich um Biwak-Plätze, die eigentlich als Übernachtungsstellen für Kanuten oder Kajakfahrer gedacht sind. Doch die Betreiber lassen in einem gewissen Rahmen auch Wohnmobilisten dort stehen und die Aussicht auf das Wasser genießen. Mit einer sehr einfachen Ausstattung, in der Regel nämlich ohne Sanitäreinrichtung, hat man hier wahren Naturgenuss. Üblicherweise besteht solch ein Pole Namiotowe aus ein paar Picknickplätzen, etwas Platz für Zelte oder eben auch Campingfahrzeuge und einer Lagerfeuerstelle. Aber was braucht man auch mehr, denn so ist die Nacht unterm Sternenzelt mit Blick auf das ruhige Wasser der Seen gesichert.

Camping in der Natur

Wer sich etwas mehr wünscht, steuert einen der Campingplätze an, die nicht minder schön gelegen sind. Auch hier steht man in Ufernähe, oft mit freiem Blick auf das Gewässer. Die malerische Lage in der Natur wird noch von den weiten Wäldern unterstrichen, die sich zwischen den Seen erstrecken. Lange Spaziergänge sind hier an der Tagesordnung, wenn man mal nicht im Wasser planschen möchte. Und wer irgendwann den Wildniskoller bekommt, kann in eine der kleinen Ortschaften radeln. Mikołajki bietet zum Beispiel nicht nur eine große Auswahl an Restaurants und Einkaufsmöglichkeiten, sondern auch eine Promenade zum Flanieren

↑ Wikinger? Nein, Holzskulpturen an einem der vielen Seen in Masuren.

und sogar einen modernen Aquapark mit Rutschen, Saunen und Massage. Denn auch an den schönsten Seen kann das Wetter mal etwas weniger campingfreundlich sein.

Info

Camping Nr. 3 Cezar, Jaszczurcza Góra 1/6, 11-700 Mrągowo, www.mazurylatem.pl

SIGHTSEEING

Militärmuseum, Przemysłowa 11C, 11-700 Mrągowo, www.muzeum.mragowo.pl; Ermländisches und Masurisches Museum, Ratuszowa 5, 11-700 Mrągowo, www.mragowo.muzeum.olsztyn.pl; Reformationsmuseum, plac Kościelny 4, 11-730 Mikołajki, www.mikolajki.luteranie.pl

EINKEHRMÖGLICHKEITEN

Spiżarnia Restaurant, plac Handlowy 14, 11-730 Mikołajki, www.spizarnia.mazury.pl; Restaurant Sielawa, plac Wolności 13, 11-730 Mikołajki

ACTION/AUSFLÜGE

Bootsfahrt auf dem Mikołajskie-See; Hochseilklettergarten in Mikołajki und Mrągowo; Wakeboard in Mrągowo, Młodkowskiego 40A, 11-700 Mrągowo, www.wakeparkmragowo.pl

ANREISE

Ab Warschau auf der E77 bis Olszytenek, weiter auf der S51 und der 16 bis Mrągowo.

TOURIST-INFO

www.mazury.travel

56 Campingabenteuer Russland

Mit etwas Pioniergeist nach Moskau

Nach langer und spannender Anreise freut man sich über einen gut ausgestatteten Campingplatz am Rande der russischen Hauptstadt, der als Basislager für eine Stadterkundung oder für eine Fernreise weiter Richtung Osten dient.

Noch immer ist eine Campingreise nach Russland etwas Exotisches und Abenteuerliches. Dabei kann sogar ein wenig Pioniergeist entstehen, wenn man durch Belarus nach Russland einreist und über Smolensk noch fast 500 Kilometer bis zur russischen Hauptstadt fährt. Dort angekommen, parken wir unser Wohnmobil im Nordosten der Stadt auf dem Campingplatz Sokol'niki und könnten fast meinen, er sei dahin, der Pioniergeist. Plötzlich sehen wir jede Menge andere Wohnmobile. Aber wir sollten uns nicht in die Irre leiten lassen. Immerhin sind wir auf dem einzigen Campingplatz in der wichtigsten Stadt des Landes. Hier treffen sich nun mal alle Camper, die in Russland unterwegs sind, ob mit einem klassischen VW-

↗ Die Basilika am Roten Platz fällt mit ihren farbenfrohen Kuppeln auf.
← Noch mehr Kuppeln gibt es beim Spaziergang durch den Kreml zu sehen.

Bus, mit einem Dachzelt oder mit einem Expeditionsfahrzeug. Letztere trifft man hier übrigens eher an als auf anderen Campingplätzen im restlichen Europa. Also ist eine Fahrt nach Russland doch noch etwas Abenteuerliches.

Womo oder Expeditionsmobil

Zum Exoten wird man selber, wenn man mit einem haushaltsüblichen Wohnmobil anreist. Dabei ist man, global betrachtet, fast noch an der Westgrenze Russlands. Was man noch alles sehen könnte, wenn man der Magistrale gen Osten folgen würde: Jekaterinburg, Nowosibirsk, Krasnojarsk und natürlich den legendären Baikalsee. Man beginnt zu schwärmen, noch fünfeinhalbtausend Kilometer. So viel wie von Deutschland nach Moskau und zurück. Eine immense Strecke nach Asien, die ausreichend Vorbereitung benötigt. Daher belassen wir es zunächst bei einer Fahrt mit der tiefsten U-Bahn-Linie der Welt und starten einen ausgiebigen mehrtägigen Stadtrundgang über den Roten Platz, zum Kreml und zur Einkaufsstraße Arbat. Auch in Moskau gibt es erst einmal sehr viel zu sehen und zu erleben. Das sollte für den Anfang reichen.

Info

Camping Sokol'niki, 5-Y Luchevoy Prosek, 16A, Moskau, www.park.sokolniki.com

SIGHTSEEING
Stadtbesichtigung mit dem Roten Platz, Kreml, ehemaliges Kaufhaus GUM, Lenin-Mausoleum, Einkaufsstraße Arbat, Fahrt mit der Moskauer Metro, Basilius-Kathedrale, Bolschoi-Theater

EINKEHRMÖGLICHKEITEN
Restaurant She, Bol'shaya Nikitskaya Ulitsa, 15 ст 1, Moskau, www.wrf.su; Restaurant Taksim, Arbat St, дом 21, www.taksim.ru

ANREISEOHOH
Visumpflicht für Belarus und Russland. Anreise durch Polen, Belarus und über Smolensk bis Moskau. Dort der äußeren Ringstraße bis zur Ausfahrt 105A folgen und weiter nach Sokolniki in Richtung zweiter Ringstraße.

TOURIST-INFO
www.visitrussia.org.uk

57 Stadtrundgang auf dem Balkan

Große Campingauswahl rund um Belgrad

Wer Donau sagt, denkt meist an Städte wie Regensburg, Passau, Wien oder Budapest. Aber auch Belgrad liegt an der schönen blauen Donau und hat jede Menge zu bieten. Vor allem Campingurlaub.

Was wünscht man sich in einem weniger klassischen Wohnmobilreiseland mehr als eine Übernachtungsmöglichkeit nahe den Sehenswürdigkeiten und dennoch sicher? In einem Land wie Serbien, wo wir uns gerne die Hauptstadt an der Donau anschauen möchten, freuen wir uns natürlich, dass es gleich mehrere Gelegenheiten gibt, zu campen. Das bietet so manche Hauptstadt im westlichen Europa nicht. Wir hätten zum Beispiel einen klassischen Campingplatz direkt am Ufer der Donau, von dem aus wir mit einem kurzen Spaziergang und einer Busfahrt mitten ins Belgrader Stadtzentrum fahren können. Aber auch in einem kleinen Nachbarort erwartet man uns auf einem überschaubaren, familiengeführten Platz, der sich am Wohnhaus der Inhaber befindet. Doch in den letzten Jahren kam noch ein Platz hinzu, den man schon beinahe in die Kategorie Wohnmobilstellplatz einsortieren könnte. Eine einfache, aber sichere Parkfläche, die rund um die Uhr erreicht werden kann, macht diesen Platz aus.

Ausgangspunkte für das Sightseeing

Dadurch, dass auch Wohnwagen aufgenommen werden, geht die Tendenz aber schon in Richtung Campingplatz. Allerdings sollte man sich keine Illusionen machen, wenn man ein Vorzelt aufstellen möchte. Nägel zur Befestigung bzw. zum Abspannen bekommt man hier nicht in den Boden. Die gesamte Fläche ist asphaltiert, besonders ungewöhnlich ist dabei jedoch die Farbe. Mit einem strahlenden Grün soll vermutlich eine naturnahe Fläche vermittelt werden. So etwas sieht man eher

↗ Durch das Zindan-Tor betritt man die wehrhafte Festungsanlage.

selten. Natur scheidet hier allerdings aus, der Platz befindet sich gleich neben der vierspurigen Autobahn. Immerhin ist so eine gute Erreichbarkeit gegeben und wir wollen ja ohnehin lieber die Stadt Belgrad mit ihren historischen und modernen Bauten besichtigen.

Info

West Camp Bg, Svetog Save 8, Beograd 11271; **Camp Dunav**, Batajnički Drum 12, Beograd 11080, www.campdunav.com; **Camperstop Beograd**, Lovacka 46, Dobanovci Beograd 11272, www.camperstop.org

SIGHTSEEING

Nikolai-Tesla-Museum, Krunska 51, Beograd 11000, www.nikolaitesla-museum.org; Militärmuseum, Carigradski drum, www.muzej.mod.gov.rs; Festung Belgrad; Serbisches Nationalmuseum, Trg republike 1a, Beograd 104303, www.narodnimuzej.rs

EINKEHRMÖGLICHKEITEN

Restaurant Mily Centar, Kneginje Ljubice 20, Beograd 11000, www.milky.rs; Pfannkuchenhaus Glumac, Dositejeva 7, Beograd 11000, www.palacinkeglumac.rs

ANREISE

Ab Kroatien auf der E70 über die Grenze und kurz vor Belgrad nach Radofar (Радиофар) abfahren. Erste Straße links und nach wenigen Hundert Metern erneut links auf den West Camp Bg.

TOURIST-INFO

www.jp.serbia.travel

58 Skulpturenschau in Bratislava

Campinggenuss auch in einem Binnenland

Die Slowakei lockt mit einer grünen, sanft hügeligen Landschaft mit zahlreichen Nationalparks. Und die Hauptstadt an der Donau ist mit ihrer Altstadt einfach nur erholsam.

In der Slowakei ist alles eine Spur kleiner, ja beinahe sogar niedlicher. Das Land ist schnell durchquert, wenn man möchte, was man aber nicht tun sollte. Denn es gibt jede Menge Nationalparks zu entdecken. Auch die Hauptstadt Bratislava ist überschaubar, zumindest die Altstadt mit ihrer Burg. Mehr als ein Wochenende plant wohl kaum ein Campingtourist ein. Als solcher kommt man übrigens an einem Campingplatz unter, der sich wiederum an einem kleinen See im Nordosten der Hauptstadt befindet. Und ausgerechnet den Campingplatz kann man als eher groß bezeichnen. Wir haben hier die Auswahl zwischen schattigen Plätzen unter Bäumen oder auch einer großen sonnigen Rasenfläche, auf der wir unser Wohnmobil abstellen können. Nur ein paar Schritte sind es bis zum Ufer des Sees, an dem wir eintauchen und baden können. Eine Wakeboard-Anlage weckt das Adrenalin in uns und wir lassen uns an heißen Sommertagen gerne über das Wasser ziehen.

Ein Land wie eine Puppenstube

Über eine Fußgängerbrücke gelangen wir auf die andere Seite der Hauptstraße, die am Platz vorbeiführt, und zur dortigen Straßenbahnhaltestelle. Keine halbe Stunde später stehen wir schon neben Napoleon. Die lebensgroße Skulptur, die sich an eine Sitzbank auf dem Hauptplatz anlehnt, ist nur eine von vielen in der Altstadt Bratislavas. Die berühmteste ist Čumil und zeigt einen Kanalarbeiter, der aus einem Gullydeckel hinausschaut. Auch diese Figuren machen den liebevollen Charakter des Landes und der Hauptstadt aus. Sie sollte man auf keinen Fall verpassen, genauso wenig wie die Besteigung des Burgbergs und die Einkehr im Res-

↗ Die Skulptur schaut aus einem Kanal dem Treiben in Bratislava zu.
↗ Strahlend schön ist die Burganlage auf dem Schlossberg.

taurant Ufo am südlichen Donauufer. Hierfür fahren wir nämlich mit dem Fahrstuhl einen Brückenpfeiler hinauf und genießen beim Essen eine tolle Aussicht auf die Stadt.

Info

Camping Zlaté Piesky, Zlaté piesky 4370/8, 821 04 Bratislava, www.intercamp.sk

SIGHTSEEING

Burg Bratislava, Hrad, 811 06 Bratislava, www.bratislava-hrad.sk; Martinsdom, Rudnayovo námestie 1, 811 01 Bratislava; Altstadt mit Bronzeskulpturen wie Čumil (Panská 251/1), Napoleon (Hlavné námestie) und Náci (Rybárska brána); Palais des Primas, Primaciálne námestie 2, 811 01 Bratislava

EINKEHRMÖGLICHKEITEN

Restaurant Gatto Matto, Panská 17, 811 01 Staré Mesto; Restaurant Casa del Havana, Michalská 1484/26, 811 03 Staré Mesto, www.havanacafe.sk; Restaurant U Zlatého vodníka am Platz, Cesta na Senec 5538, 821 04 Ružinov, www.uzlatehovodnika.sk

ACTION/AUSFLÜGE

Wakeboarding direkt am Platz

ANREISE

Ab Brno in Tschechien auf der E65 in die Slowakei und Bratislava auf der D4 umrunden.

TOURIST-INFO

www.visitbratislava.com

59 Viele Ausflüge rund um Mojstrana

Campingreise zwischen Alpenwelt und Balkan

Mitten im Tal blickt man nicht nur auf die wundervolle umliegende Bergwelt, sondern hat auch zahlreiche Möglichkeiten, seinen Campingurlaub aktiv zu gestalten.

Auf dem Campingplatz in Mojstrana wird man überaus herzlich und in deutscher Sprache empfangen. Zugegeben, das deutschsprachige Österreich ist nur eine Tunnelfahrt entfernt. Dennoch fühlt man sich natürlich gleich wohl, wenn man nach Slowenien kommt und im Save-Tal freundlich empfangen wird. Nach dem kurzen und schnellen Check-In parken wir das Wohnmobil auf der grasigen Parzelle und lassen uns gerne erklären, was wir im näheren Umfeld machen können. Schon bei der Erklärung wird uns schwindelig. Nicht nur, weil wir weit in die Höhe starten können, sondern auch wegen der Vielzahl an Sehenswertem in der näheren Umgebung. Denn das enge Save-Tal und damit auch der Campingplatz liegen eingebettet zwischen den Karawanken im Norden und dem Triglav-Gebirge im Süden. Letzteres gehört zu den Julischen Alpen und ist als Nationalpark geschützt. Die höchste Erhebung im Gebirgsmassiv ist zugleich der höchste Berg des Landes. Sein Name: Triglav. Während wir von der Campingparzelle einen tollen Blick auf das majestätische Gebirge genießen können, ist uns die Aussicht auf den Triglav selbst oft verwehrt. Denn dieser stolze Berg versteckt sich hinter zahlreichen anderen Gipfeln und zeigt sich nur, wenn wir in eines der Täler hineinfahren. Am besten gleich in das Tal gegenüber dem Campingplatz. Das Tal ist eine Sackgasse und am Ende erreichen wir einen Schotterparkplatz, von dem aus wir den Rest des Wegs durch einen kleinen Wald wandern und dabei mehrere Info-Tafeln passieren. Spätestens hier wird uns gezeigt, welcher der vielen Gipfel um uns herum der Triglav ist, der auch im Wappen des Landes gezeigt wird. Für eine Besteigung des Berges reicht eine einfache Bergwanderung jedoch nicht aus. Wer das vorhat, sollte seine Kletterausrüstung nicht in der Heckgarage verstauben lassen.

→ **Das Triglav-Gebirge ist aus nachvollziehbarem Grund ein Nationalpark.**

Die Wanderschuhe nicht vergessen

Bereits das Tal ist jedoch mit wunderschönen Naturschauspielen gesegnet. Auf dem Weg zurück zum Save-Tal kommen wir am Peričnik-Wasserfall vorbei. Er ist sehr leicht bei einem kurzen Spaziergang zu erreichen und ergießt sich über einen Felsüberhang in die Tiefe. Das bedeutet, dass wir unter dem Überhang entlangwandern und den Wasserfall wie einen Vorhang von hinten erleben können. Ein fantastischer Anblick, für den sich der kurze, knackige Aufstieg auf jeden Fall lohnt.
Nicht kurz, aber verhältnismäßig einfach ist eine Wandertour in den Karawanken. Tromeja heißt ein Punkt, der sich ab dem Ort Ratece mit einem Aufstieg durch zwei Dutzend Serpentinen erreichen lässt. Übersetzt steht Tromeja für Dreiländereck, und zwar für das zwischen Italien, Österreich und eben Slowenien. In etwas mehr als 1500 Metern Höhe blicken wir von hier über das Save-Tal auf die ergreifende Kulisse des Triglav-Gebirges. Mit einer Drehung schauen wir in die Weiten von Kärnten und können mit einem Fernglas sogar den Wörthersee erkennen. Ein dichter Nadelwald erhebt sich da, wo man eigentlich nach Italien blicken könnte.
Aber wir kommen nicht nur zu Fuß weit in die Höhe. Auch mit dem Wohnmobil erleben wir dünnere Luft, wenn wir uns zum Beispiel aufmachen, im Triglav-Gebirge den Vršičpass zu überwinden. Nicht nur die Passüberquerung als solche ist aufregend und ein idealer Platz für ein Picknick sowie natürlich auch wieder Startpunkt für die nächste Wandertour. Auch die Auffahrt entpuppt sich als Erlebnis. Auf der Nordseite sind die Spitzkehren nämlich noch heute mit Kopfstein gepflastert und nur auf den geraden Abschnitten rollen unsere Reifen auf Asphalt. Zwischendrin taucht dann auch noch ganz unvermittelt eine kleine hölzerne Kapelle

Tipp

Ein weiteres gut erreichbares Ziel ab dem Campingplatz in Kamnik ist die Stadt Bled, die sich überregional einen Namen als beliebtes Reiseziel gemacht hat. Grund hierfür ist unter anderem der Bleder See: In seiner Mitte liegt eine kleine Insel, die nur mit einer Art Gondel erreicht werden kann. Zu sehen gibt es auf dem überschaubaren Eiland eine weitere historische Kirche, doch den besten Überblick genießt man von der Terrasse der Bleder Burg, die sich weiter oben auf einem steilen Felssporn erhebt.

↖ Eigentümlicher Anblick: die russische Kapelle am Vršičpass mit ihren barocken Zwiebeltürmen.
→ Bei einer Wanderung kann man den Peričnik-Wasserfall von allen Seiten bewundern.

auf. Diese sogenannte Russische Kapelle erhielt ihren Namen durch die russischen Zwangsarbeiter, die nach dem Ersten Weltkrieg die Passstraße erbauten und von denen viele ihr Leben lassen mussten. Ihnen zu Ehren errichteten Überlebende das kleine und heute noch sehenswerte Gotteshaus komplett aus Holz. Alljährlich findet hier im Sommer eine Gedenkveranstaltung statt, an der zuweilen auch der russische Staatspräsident teilnimmt.

Mit dem Triglav-Gebirge als Kulisse im Hintergrund ist die Landschaftsidylle perfekt.

Info

Camping Kamne, Dovje 9, 4281 Mojstrana, www.campingkamne.com

SIGHTSEEING

Russische Kapelle, Vršiška cesta 83, 4280 Kranjska Gora; Dreiländereck Tromeja; Skisprungzentrum Planica; Perecnik-Wasserfall

EINKEHRMÖGLICHKEIT

Aljažev Hram, Dovje, 4281 Mojstrana; Sonček, Dovje 114A, 4281 Mojstrana

ACTION/AUSFLÜGE

Ausflug nach Bled und zum Bleder See mit Aussicht von der Bleder Burg

ANREISE

In Österreich durch den Karawankentunnel der A11 bis Slowenien. Nach Verlassen des Tunnels sofort abfahren und auf der Straße 201 in Richtung Mojstrana.

TOURIST-INFO

www.slovenia.info

60 Inselcamping in der Hauptstadt

Moldaublick an der Prager Altstadt

Karlsbrücke, Schloss, Altstädter Ring – Tschechiens Hauptstadt hat so viele Sehenswürdigkeiten und den Bonus, diese wunderbar einfach zu Fuß vom Campingplatz aus erreichen zu können.

Gerade bei einer Weltstadt wie Prag erwartet man nicht zwangsläufig, dass sie sich campingfreundlich zeigt. Doch wie sehr man sich täuschen kann, zeigt die tschechische Hauptstadt mit einem sehr zentralen und dennoch ruhigen Campingplatz auf einer Insel mitten in der Moldau. Die Zufahrt erfolgt von Süden kommend über eine kleine Brücke. Zwischen einem Maschendrahtzaun und dem Moldauufer stellt man entweder das Wohnmobil im Grünen ab oder fährt an dieser ersten Campingmöglichkeit vorbei zum zweiten Campingplatz auf der schmalen Insel. Zwischen beiden Anlagen befinden sich ein paar Sport- und Freizeitmöglichkeiten und man sieht immer wieder den Fluss. Der erste Eindruck bei der Ankunft fällt also schon mal positiv aus. Doch es wird noch besser. Denn an der Nordspitze der Insel legt eine kleine Fähre ab, die uns sogar kostenlos zum Ufer bringt. So ersparen wir uns weite Spaziergänge auf und neben der Insel, um zur Prager Altstadt zu gelangen. Sehr praktisch.

Kostenlose Moldaufähre

Sobald wir die Fähre verlassen haben, spazieren wir ganz entspannt am Moldauufer entlang und stehen gerade einmal 25 Minuten später an der berühmten Karlsbrücke. Und damit befinden wir uns nicht am Beginn der Altstadt, sondern schon längst mittendrin. Einfacher kann eine Stadtbesichtigung mit dem Camper kaum sein. Das einzig Komplizierte ist nun die Entscheidung, ob wir rechts oder links abbiegen. Nach rechts spazieren wir zum Altstädter Ring, dem Hauptplatz der Altstadt gleich neben der eindrucksvollen astronomischen Uhr, die an der

↗ Von der Prager Karlsbrücke hat man besten Blick auf die Altstadt.

Fassade des Rathausturms angebracht ist. Wenn wir uns nach links wenden und die sehenswerte, historische Karlsbrücke überqueren, gelangen wir mit einem leichten Spaziergang bergauf bis zum Hradschin-Platz, der sich vor der Prager Burganlage ausbreitet.

Info

Prague Camp, Císařská louka 162, 150 00 Praha 5-Smíchov, www.praguecamp.cz; **Caravan Park Camping**, Císařská louka 599, 150 00 Praha 5-Smíchov, www.kemp-praha.cz

SIGHTSEEING

Tanzendes Haus von Frank Gehry, Jiráskovo nám. 1981/6, 120 00 Nové Město, www.galerietancicidum.cz; Aussichtsturm Petřín, Petřínské sady 633, 118 00 Praha 1-Malá Strana; Karlsbrücke; Prager Burg, Hradčany, 119 08 Prague 1, www.hrad.cz; Franz-Kafka-Museum, Cihelná 635, 118 00 Malá Strana, www.kafkamuseum.cz; Altstädter Ring mit Rathausturm und astronomischer Uhr

EINKEHRMÖGLICHKEITEN

Restaurant U Fleků, Křemencova 11, 110 00 Nové Město, www.ufleku.cz; Restaurant Mlýnec, Novotného lávka 9, 110 00 Staré Město, www.mlynec.cz

ANREISE

Ab Dresden auf der E55 bis zur Straße 8. Dieser folgen und in Richtung Karlovy Vary abbiegen, rechts durch den Tunnel und ab dem Bahnhof dem Campingsymbol folgen.

TOURIST-INFO

www.prague.eu

61 Rundfahrt um den Plattensee

Deutsch-deutsche Campinggeschichte

Da, wo einst innerdeutsche Campinggeschichte geschrieben wurde, übernachten wir heute ganz ohne politischen Hintergrund: um den größten See Ungarns kennenzulernen.

Gleich mehrere Campingplätze stehen uns zur Auswahl, wenn wir den Balaton bzw. den Plattensee als Campingziel ins Visier nehmen. Der Eldorado Camping liegt zum Beispiel am Nordufer, so wie die meisten der anderen Plätze auch, und bietet nicht nur beste Lage direkt am Wasser, sondern auch, um die Umgebung bzw. den Rest des Sees zu erkunden. Hier, wo sich einst während des Kalten Kriegs Deutsche aus Ost und West trafen und sich halbwegs unbemerkt miteinander austauschen konnten, ist davon nicht mehr viel zu spüren. Tourismus besteht zwar noch, und das auch zu Recht, aber eine Hochburg deutscher Campingtouristen ist der Plattensee bekanntlich nicht. Vielmehr trifft man jetzt häufiger auf Einheimische und auf Touristen aus anderen Ländern.

↗ Am Plattensee wird auch Wein angebaut.
← Die Abtei Tihany auf der gleichnamigen Halbinsel thront oberhalb des Balatons.

Der kleine familiär geführte Campingplatz mit seinem leckeren Restaurant, in dem auch Frühstücksbüfetts angeboten werden, macht es leicht, Kontakte zu knüpfen.

Badespaß in Vulkanregion

Von den mit Hecken parzellierten Plätzen ist man in wenigen Schritten am Wasser und kann in den Balaton eintauchen oder es den Anglern gleichtun, die hier auf ihren großen Fang hoffen. Falls der Badesteg mal überlaufen oder das Wasser im Plattensee zu kalt ist, bleibt noch der Swimmingpool. Es mangelt also an nichts. Auch die Sehenswürdigkeiten rund um den Plattensee können sich sehen lassen. Ob das nun die kleine Altstadt von Keszthely ist oder die Halbinsel Tihany, die fast bis zum gegenüberliegenden Ufer reicht und den Plattensee beinahe in zwei Gewässer teilt. Auf Tihany finden wir zum Beispiel weitere Seen, die wie viele in der Region vulkanischen Ursprungs sind. Hauptattraktion ist jedoch die gleichnamige Abtei Tihany, die mit ihrer doppeltürmigen Kirche ein schönes Motiv vor der Kulisse des Plattensees abgibt.

Info

Balaton Eldorado Camping, Badacsonytördemic, Pince u. 4, 8263 Ungarn, www.balatoneldoradocamping.hu

SIGHTSEEING
Halbinsel Tihany mit Abteikirche und den dortigen Seen; Stadtrundgang durch Keszthely; Arboretum und Weingut Folly, Badacsonytomaj, Kápolnavölgyi út 25, www.folly.hu; Afrika Museum, Balatonederics, Kültelek 11, www.afrikamuzeum.hu; Balaton Museum, Keszthely, Múzeum u. 2, www.balatonimuzeum.hu

EINKEHRMÖGLICHKEITEN
Restaurant am Platz; Restaurant Kisfaludy Ház Étterem, Badacsonytomaj, Kisfaludy Sándor u. 28, www.kisfaludyhaz.hu

ACTION/AUSFLÜGE
Ausflug nach Budapest mit Stadtbesichtigung und Ausblick über die Donau von der Fischerbastei

ANREISE
Ab Budapest auf der E71 an die Nordseite des Sees. Im Ort auf die Beschilderung direkt am Ufer achten.

TOURIST-INFO
www.visithungary.com

MONACO

Die farbenfrohen Fassaden in Menton bilden einen schönen Kontrast zum tiefblauen Himmel.

Register

Die Wasserburg Trakai liegt 28 km westlich von der litauischen Hauptstadt Vilnius.

Impressum & Bildnachweis

Verantwortlich: Susanne Kaufmann
Redaktion: Mareike Weber
Layout: buch&media service, München
Umschlaggestaltung: Kaj Ritter
Repro: LUDWIG:media
Kartografie: Kartografie Huber, Heike Block
Herstellung: Alexander Knoll
Printed in Slovenia bei Florjancic

★★★★★

Sind Sie mit diesem Titel zufrieden? Dann würden wir uns über ihre Weiter-empfehlung freuen.
Erzählen Sie es im Freundeskreis, berichten Sie Ihrem Buchhändler, oder bewerten Sie bei Onlinekauf.
Und wenn Sie Kritik, Korrekturen, Aktualisierungen haben, freuen wir uns über Ihre Nachricht an Bruckmann Verlag, Postfach 40 02 09, D-80702 München oder per E-Mail an lektorat@verlagshaus.de

Unser komplettes Programm finden Sie unter

www.bruckmann.de

In diesem Buch wird aus Gründen der besseren Lesbarkeit das generische Maskulinum verwendet. Weibliche und anderweitige Geschlechteridentitäten werden dabei ausdrücklich mitgemeint, soweit es für die Aussage erforderlich ist.

Empfehlung der Redaktion
Sie sind auf der Suche nach weiterführender Literatur? Dann empfehlen wir Ihnen den Titel »Happy Camping Deutschland« von Michael Moll.

Die Deutsche Nationalbibliothek verzeichnet diese Publikation in der Deutschen Nationalbibliografie; detaillierte bibliografische Daten sind im Internet über http://dnb.d-nb.de abrufbar.

Bildnachweis:
Camping Marina di Venezia: S. 122; **Camping Natterer See:** S. 22; **CampOne Grenenstrand:** S. 82, 83; **Lookphotos:** 2/3, 12/13, 21, 87, 144/145 (Lubenow, Sabine), 4, 104, 172, 173, 177 re. (Merz, Brigitte), 5 li. (Zielske, H. & D.), 5 re., 31 o., 31 u., 32, 33, 36, 190/191 (Hemis), 6 (Daniel Fort Photography), 7 li., 137 (Design Pics), 7 re., 34, 35, 43, 45, 47, 54, 65, 70, 91, 93, 99, 108, 128, 129, 131, 136, 147, 162, 165, 167 (robertharding), 10, 37, 59 (Greune, Jan), 18, 121 (Wohner, Heinz), 15 (Mueringer, Christian), 17, 143 (Daniel Schoenen Fotografie), 19 (Eiben, Hans-Georg), 20 (Böttcher, Ulf), 23, 27 re., 100, 117 (Strauß, Andreas), 25, 183 (Mirau, Rainer), 27 li. (Steuerwald, Dirk), 28, 69 li., 69 re., 118, 157, 161 (Pompe, Ingolf), 29, 57, 61, 114/115, 139, 159 (Stankiewicz, Thomas), 49, 154, 155, 186/187 (Frei, Franz Marc), 46, 126, 138, 151 (Photononstop), 39, 85, 92, 111, 120/121, 125, 133, 141, 148/149, 177 li., 184, 185 (age fotostock), 41, 42 (Sußbauer, Franz), 45, 166 (Fleisher, Elan), 50/51 (Richter, Tobias), 53, 181 (Image Source), 55, 63, 107 (Jalag/ Lukas Larsson), 58, 112, 113 (Saga Photo), 64, 71 o. ,86, 96, 100 (ClickAlps), 67, 179 (Avalon.red2), 71 u., 73, 75 (Johaentges, Karl), 74 (Gantzhorn, Ralf), 77, 78, 79 (Leue, Holger), 81 (Foto Herzig), 88, 89, 103 (Meinhardt, Olaf), 95 (Bayerl, Günther), 97 (Brunner, Myriam), 101 (Feiner, Denis), 109 (Köster, David), 119 (Feder, Wilfried), 123 (Martini, Rainer), 127 (Pollex, Sylvia) 132, 139 (Richter, Jürgen), 135 (Linder, Bastian), 138 (travel-stock44), 140, 158 (Maeritz, Kay), 153 (Fath, Bethel), 168, 169 (Zandecki, Lukasz), 171 (Jalag / Spörl, Lukas), 175 (PhotoAlto), 180 (Fuchs, Don);

Umschlagvorderseite:
oben v.l.n.r.: Küstenstraße am Gardasee (shutterstock/ Stefano Termanini);
Stavanger, Norwegen (shutterstock/Travel Faery)
Unten: Entlang der Balkan-Küste unterwegs (lookphotos/ Neumann, Michael)
Umschlagrückseite: v.o.n.u.: Camping Natterer See (Camping Natterer See); Schloss Neuschwanstein (lookphotos / Mueringer, Christian); Ohridsee zwischen Albanien und Nordmazedonien (lookphotos/robertharding); Binz, Rügen (lookphotos/Lubenow, Sabine);
Klappe vorne: Michael Moll (Michael Moll)
Klappe hinten: Lofoten, Norwegen (lookphotos/Daniel Fort Photography)

Infanteriestraße 11a
80797 München

ISBN: 978-3-7343-2535-9

0
300 km
N
Reykjavík
ISLAND
34
33
Europäisches
Nordmeer
Nordkap
Vesterålen
Tromsø
Lofoten
29
Narvik
Luleå
Färöer (DK)
Trondheim
NORWEGEN
SCHWEDEN
Bottnischer Meerbusen
Shetland-
Inseln (GB)
Bergen
31
Mora
Åland
26
Rockall (GB)
22
Orkney-
Inseln
Äußere Hebriden
Oslo
Uppsala
Isle of Skye
Stavanger
28
Stockholm
ATLANTISCHER
21
Aberdeen
Skagerrak
Saaremaa
Glasgow
30
Gränna
32
24
Edinburgh
Kattegat
Gotland
Achill Island
Belfast
20
Öland
Ostsee
IRLAND
GROSS-
Kopenhagen
18
Dublin
23
DÄNEMARK
19
17
Manchester
Nordsee
Bornholm
54
Gdansk
3
Rügen
Birmingham
Hamburg
12
NIEDER-
LANDE
BRITANNIEN
DEUTSCH-
POLEN
OZEAN
London
Amsterdam
Berlin
16
13
Rotter-
dam
Rhein
Elbe
Oder
Hannover
Poznań
14
Düsseldorf
Ärmelkanal
Brüssel
Weser
Köln
Kanal-Inseln
8
BELGIEN
Le Havre
2
LAND
9
15
LUXEMBURG
Frankfurt
60
Prag
53
Krakau
Paris
Seine
Nürnberg
TSCHECHIEN
Orléans
Nantes
Straßburg
Donau
SLOWAKEI
Loire
Bodensee
München
5
58
Wien
Bratislava
FRANKREICH
1
SCHWEIZ
4
Bern
7
6
ÖSTERREICH
Budapest
61
UNGARN
41
Gijón
Bordeaux
Lyon
35
Gardasee
59
Balaton
44
Golf von
Biscaya
11
Garonne
Mailand
SLOWENIEN
Ljubljana
Venedig
Zagreb
Rhône
Po
36
KROATIEN
Porto
Toulouse
ANDORRA
MONACO
10
BIH
Duero
Ebro
Marseille
Monte
Carlo
SAN MARINO
47
Sarajevo
Coimbra
SPANIEN
37
Florenz
PORTUGAL
Adriatisches Meer
Lissabon
Madrid
Tajo
42
ITALIEN
Elba
45
Barcelona
51
Korsika
Rom
Guadiana
Valencia
Tirana
Mallorca
Menorca
Neapel
ALBANIEN
46
Ibiza
Ponza
Sevilla
Sardinien
Balearen
Alicante
Tyrrhenisches
Meer
Cádiz
43
Gibraltar
Liparische Inseln
MITTELMEER
Ionisches
Meer
38
Algier
Casablanca
Rabat
MAROKKO
Oran
ALGERIEN
Tunis
Sizilien

Direkt unterm Sternenhimmel

Überall in Europa gibt es attraktive Campingplätze weit entfernt vom Dauercamper-Klischee vergangener Jahre. Dieser Reiseführer bringt Sie zu besonderen Plätzen mit fantastischer Aussicht, glasklaren Seen oder unter einer steilen Kletterwand. Schlafen unterm Sternenhimmel, ob mit Wohnmobil, Van oder Zelt – und der erste Kaffee in der Früh mit Blick in die Natur! Der perfekte Reisebildband und ideale Begleiter für Ihren Campingurlaub.

9 783734 325359

Nordkap
27
Hammerfest
Barentsee
Vesterålen
Tromsø
Murmansk
Lofoten
29
Narvik
Halbinsel Kola
Weißes Meer
Europäisches
Nordmeer
25
Rovaniemi
Archangelsk
Luleå
Färöer (DK)
Trondheim
FINNLAND
Onega-see
Petrosawodsk
NORWEGEN
SCHWEDEN
Bottnischer Meerbusen
Ladoga-see
Shetland-Inseln (GB)
Bergen
31
Mora
Wolgoda
22
Orkney-Inseln
Aland
Helsinki
Sankt Petersburg
26
Oslo
Uppsala
Rybinsk
Rybinsker Stausee
Gorkier Stausee
50
Tallinn
Stavanger
28
Stockholm
ESTLAND
Nowgorod
Aberdeen
Saaremaa
Nishnij Nowgorod
Twer
Pskov
Wolga
Oka
Skagerrak
30
Gränna
32
Gotland
LETTLAND
24
56
Moskau
burgh
Riga
Kattegat
Öland
Ostsee
48
Daugava
LITAUEN
Kopenhagen
23
DÄNEMARK
Witebsk
Smolensk
Bornholm
chester
Nordsee
Vilnius
RUSSLAND
54
RUSS.
49
3
Rügen
Gdansk
ham
Minsk
55
Hamburg
12
NIEDER-LANDE
BELARUS
Woronesch
DEUTSCH-
POLEN
London
Amsterdam
Elbe
Oder
Kursk
Berlin
13
Rotter-dam
Rhein
Hannover
Poznań
14
Oder
Warschau
Brüssel
Düsseldorf
Weser
Don
BELGIEN
Köln
Charkov
8
Kiew
Weichsel
2
LAND
Havre
15
UKRAINE
53
60
Prag
Frankfurt
LUXEMBURG
Dnepr
Don
Krakau
Paris
Seine
Donezk
Nürnberg
TSCHECHIEN
Dnipropetrowsk
Rostow
Straßburg
Donau
SLOWAKEI
5
58
München
MOLDAU
Bodensee
Wien
Bratislava
Kischinau
Cherson
Asowsches Meer
1
4
SCHWEIZ
Bern
ÖSTERREICH
Budapest
7
6
61
UNGARN
RUMÄNIEN
Odessa
Krim
Lyon
59
Balaton
Gardasee
Mailand
35
SLOWENIEN
Ljubljana
Brasov
Sotschi
Sewastopol
Jalta
Venedig
Zagreb
Rhône
Po
36
KROATIEN
Bukarest
57
Schwarzes Meer
MONACO
10
SAN MARINO
BIH
Constanta
Belgrad
Donau
Marseille
Monte Carlo
47
Sarajevo
37
Florenz
SERBIEN
Varna
Adriatisches Meer
BULGARIEN
Burgas
ITALIEN
Elba
KOSOVO
Sofia
Samsun
51
Korsika
Rom
Skopje
Istanbul
NORD-MAZEDONIEN
Menorca
Neapel
Tirana
52
Ankara
Ponza
ALBANIEN
40
Thessaloniki
Kizilirmak
Sardinien
Tyrrhenisches Meer
GRIECHEN-LAND
TÜRKEI
Liparische Inseln
Izmir
Ägäisches Meer
39
Adana
Ionisches Meer
ATHEN
ITTELMEER
38
Antalya
LGERIEN
Tunis
Sizilien
Demre
SYRIEN

Michael Moll

HAPPY CAMPING
Europa

Die schönsten Campingplätze für Zelt, Caravan, Van und Wohnmobil

BRUCKMANN